尽善尽美 弗求弗迪

高情商聊天术

梁宸瑜 马英 著

电子工业出版社
Publishing House of Electronics Industry
北京·BEIJING

内 容 简 介

现在，很多人都觉得自己不太会说话，人际关系处理得不好，与预期有较大差距。因此，这些人想通过一些方法和技巧练就好的口才，扩展自己的朋友圈。本书讲述了新时代下的沟通之道，介绍了很多提高情商和"言值"的思路和方法。

本书以"简单、实用、有效"为原则，列举了多种实际的情景和案例，配以精辟的分析，使用通俗易懂的语言，力求让读者在最短的时间内提高自己的沟通能力，成为工作和生活中魅力四射的沟通高手。如果你想快速提高自己的沟通能力，那么马上翻开本书，只需两杯茶的时间就能感受到效果。

未经许可，不得以任何方式复制或抄袭本书之部分或全部内容。
版权所有，侵权必究。

图书在版编目（CIP）数据

高情商聊天术 / 梁宸瑜，马英著 . —北京：电子工业出版社，2024.4
ISBN 978-7-121-47515-3

Ⅰ . ①高… Ⅱ . ①梁… ②马… Ⅲ . ①语言艺术－通俗读物 Ⅳ . ① H019-49

中国国家版本馆 CIP 数据核字（2024）第 057413 号

责任编辑：王陶然
印　　刷：唐山富达印务有限公司
装　　订：唐山富达印务有限公司
出版发行：电子工业出版社
　　　　　北京市海淀区万寿路 173 信箱　　邮编：100036
开　　本：880×1230　1/32　印张：8.25　字数：145 千字
版　　次：2024 年 4 月第 1 版
印　　次：2024 年 4 月第 1 次印刷
定　　价：58.00 元

凡所购买电子工业出版社图书有缺损问题，请向购买书店调换。若书店售缺，请与本社发行部联系，联系及邮购电话：（010）88254888，88258888。

质量投诉请发邮件至 zlts@phei.com.cn，盗版侵权举报请发邮件至 dbqq@phei.com.cn。

本书咨询联系方式：（010）68161512，meidipub@phei.com.cn。

前言

理解需求，创造价值，建立关系

知名沟通大师赫伯·寇恩说："人生就是一张沟通桌，不管喜不喜欢，你已经置身其中。"每个人都是沟通者，沟通已经成为工作和生活中不可避免的一部分。你想和销售员商量产品的价格、想向领导提出加薪、想说服闺蜜陪你逛街，这些都涉及沟通。

所谓沟通，就是双方为了满足某种需求而展开协商，以找出合适的解决办法，或者通过讨论，就某件事情达成一致意见。每个人都带着自己的目的与对方沟通，为了达到自己的目的、实现更好的沟通效果，我们需要掌握高情商沟通的技巧。

沟通始于升级思维和前期准备。沟通不仅是一场心理战，还是一场思维战、信息战、知识储备战、口才战。沟通的主动权通常掌握在思维缜密、前期准备充分的那一方手中。所谓"知彼知己，百战不殆"，在信息上占据优势地位的那一方往往能够知道对方的真正需求及利益界限，从而制定准确的沟通方案。

在平时的沟通中，我们会发现，有些人说起话来滔滔不绝、口若悬河，其实这样未必能达到自己的目的，甚至会引起对方的厌烦。而有些人即使表达不多，也能博得对方的好感，从而达到自己的目的。聪明的人会在沟通前就明确自己的目的，在沟通中谨慎揣摩对方的想法并随机应变，同时照顾到对方的情绪，以实现更好的沟通效果。

学会高情商沟通十分重要。对天生不善言辞而又有社交需求的人来说，通过阅读书籍提升自己的口才是十分必要的。本书是一本具有很强实用性和指导性的口才类书籍，可以教人们怎样说话才能抓住对方的心、如何表达才能让自己更受欢迎。通过阅读本书，你不仅能稳步提高自己的沟通能力，还会发现自己在诸多方面都受到了有益的影响，如与朋友的友谊更牢固、与同事相处得更融洽、与陌生人的距离更容易拉近等。久而久之，你的工作和生活会向更好的方向发展。

总之，如果你现在依然为"交际无方，沟通无力"而发愁，请翻看本书，学习沟通方法和处事技巧。通过阅读本书，你可以从"沟通小白"变成名副其实的"沟通达人"。

目录

第1章
沟通之道：通过讲话解决疑难问题

1.1 沟通的秘密在于"言值" / 2

1.2 巧用暗示，也要读懂暗示 / 4

1.3 适当自嘲，展现个人魅力 / 7

1.4 "沟通大师"都是情商高手 / 9

1.5 "沟通大师"的必备优点 / 11

1.6 案例：委婉的暗示是最好的批评 / 12

第2章
升级思维：与对方沟通的必要前提

2.1 金字塔逻辑思考图的基本框架 / 16

2.2 SCQA结构：实用的故事法 / 19

2.3 通过MECE分析法提取关键因素 / 22

2.4 分析原因，剔除不必要的枝蔓 / 23

2.5 进行逻辑细化，提高思维的深度 / 26

2.6 案例：灵活运用SCQA结构 / 30

第 3 章
前期准备：凡事预则立，不预则废

3.1 理解沟通的内涵，找准话题 / 36
3.2 在沟通之前，先增长知识、积累谈资 / 38
3.3 塑造良好的形象，多给对方以尊重 / 40
3.4 收集信息，做到知彼知己 / 43
3.5 培养良好的口才，不断坚持 / 46
3.6 案例：尊重孩子，给予孩子说话的权利 / 49

第 4 章
言之有理：让对方心服口服的奥秘

4.1 沟通的目的是化解矛盾，而非压制别人 / 54
4.2 多使用调侃性的语言，化解矛盾 / 57
4.3 掌握打圆场的语言艺术 / 59
4.4 使用幽默的语言解决问题 / 63
4.5 "好"放在前，"不好"放在后 / 67
4.6 提高"投机指数"，打动人心 / 71
4.7 案例：让客户掏钱的聊天之道 / 74

第 5 章
辨别对方：更多理解、更多共情

5.1 傲慢、目中无人：多讲赞美的话 / 80

5.2 好胜、自尊心强：尽量把"胜利"让给他 / 83

5.3 自卑、缺乏信心：时刻表达"你很不错" / 85

5.4 强硬、执拗：多点笑容，避免对立 / 88

5.5 以自我为中心：尽可能满足他的欲望 / 92

5.6 案例：如何对待"刀子嘴，豆腐心"的人 / 95

第 6 章
讲述故事：领略起承转合的强大作用

6.1 好故事应该是什么样的 / 100

6.2 讲故事的要点 / 102

6.3 用细节优化自己的故事 / 105

6.4 投入情感，让讲故事更加轻松 / 107

6.5 理想与故事是最佳拍档 / 110

6.6 加大需求，让故事更丰满 / 114

6.7 瞄准对方的情绪爆发点 / 117

6.8 案例：用假故事改变暴躁的上司 / 120

第 7 章
巧妙提问：学会提问，牢牢掌控局面

7.1 小提问有大能量 / 124
7.2 多使用诱导性的语言 / 125
7.3 开放式提问更加实用 / 127
7.4 从提问中推测对方的真实意图 / 129
7.5 案例：巧妙提问帮助销售员说服客户 / 131

第 8 章
注重形式：想好应该怎样沟通

8.1 用"我们"代替"我" / 136
8.2 借助第三方让对方相信 / 139
8.3 将结果描述得更加具体化 / 141
8.4 甜言蜜语让沟通更愉快 / 144
8.5 用温柔的声音说动听的话 / 146
8.6 主动展示不利的信息 / 150
8.7 夸奖别人最好先抑后扬 / 152
8.8 案例：让对方接受批评的方法 / 157

第 9 章
攻破心防：以柔克刚，击中情感软肋

9.1 沟通时必须有耐心 / 162

9.2 幽默的语言更能打动对方 / 164

9.3 学会委婉表达，保住对方的面子 / 169

9.4 拿自己"开涮"其实是聪明的做法 / 173

9.5 认真倾听对方的想法 / 177

9.6 展现积极、热情、坚强的一面 / 181

9.7 多一些认同，不让对方有孤独感 / 184

9.8 案例：演讲者如何攻破听众的心防 / 188

第 10 章
原则至上：科学沟通的六大原则

10.1 好感原则：发现对方的过人之处并衷心赞美 / 192

10.2 稀缺原则：营造强烈的紧迫感 / 195

10.3 让步原则：巧妙平衡付出与回报 / 198

10.4 一致性原则：寻求共同的利益 / 201

10.5 从众原则：突出大多数人的想法 / 205

10.6 期望原则：尽可能满足对方的心理需求 / 208

10.7 案例：妻子与丈夫之间的博弈 / 211

第 11 章
善用技巧：如何变身为"沟通大师"

11.1 占据主导地位，抓住优势 / 216

11.2 运用肢体语言，提升感染力 / 218

11.3 关注对方的回应，做有效沟通 / 222

11.4 给对方一个合适的台阶下 / 224

11.5 营造气场，展现手势的力量 / 228

11.6 眼神也是传递感情的重要渠道 / 230

11.7 案例：一次成功的道歉经历 / 231

第 12 章
拒绝入坑：沟通过程中的六大禁忌

12.1 拒绝认错的结果是前功尽弃 / 236

12.2 自说自话，不理会对方的情绪 / 239

12.3 口无遮拦，说一些不该说的话 / 240

12.4 戳对方的痛处，不注重细节 / 242

12.5 卖弄学识，讲话过于高深 / 245

12.6 沟通完成之后，立刻放松下来 / 247

12.7 案例：为什么你的道歉没有效果 / 248

第1章
沟通之道：
通过讲话解决疑难问题

俗话说："好的开始是成功的一半。"在沟通时，我们不必害怕"虎头蛇尾"，而要思索怎样才可以有这个"虎头"。对大多数人来说，迈出第一步往往是最难的，但是要想成为"沟通大师"，这又是不得不面对的挑战。为了让沟通更顺畅，我们应该提高自己的情商和"言值"，学习一些暗示之道，提升自己的气场。

1.1 沟通的秘密在于"言值"

如果眼睛是心灵的"窗户",那么嘴巴就是心灵的"大门"。看一个人是否有涵养,往往就是看他是否会说话。会说话的人能让身边的人感到舒服,不会说话的人则会让身边的人觉得难受。因此,会说话的人可以获得更好的人际关系、更多的社会资源,而且无论做什么事都更容易成功。

如果外表是一个人的颜值,那么这个人的"言值"就体现了他的内在。颜值会随着年龄的增长发生变化,而"言值"则会随着阅历的丰富逐渐提高。

在这种情况下,"言值"就变得越来越重要。颜值与"言值"并没有关系。例如,在与一位外表不太起眼的老人闲谈之后,我们很可能受到启发,这个启发甚至可以影响我们的人生。但是如果我们看到一个风华绝代的人,那么仅凭他的外表,我们会有如此深刻的启发吗?应该很难。

如今,高颜值的人也许更容易得到机会。但是在此之后,只有有"言值"的人才可以走得更远、更久。

赵斌是某公司的一位销售人员,虽然相貌平平,但是他凭借出色的口才多次成为公司的销售冠军。在一次全国性的订货会上,他向各地来宾介绍:"本公司生产的印花薄膜雨披经久耐用，式样新颖。"说着，他拿起一件雨披往身上一披。谁知由于这件雨披一直作为展品被试来试去，肩上已有破损。

如果换了别人，恐怕只能语无伦次，在众人的哄堂大笑中灰溜溜地下台了。可赵斌却临危不乱，只见他微微一笑，不慌不忙地说："大家看见没有？像这种出现破损的产品，我们可以包退包换。"一句话不仅体现了他的情商，还让他顺利度过了这次危机。凭借赵斌的出色表现，公司在订货会上收获了大量订单。

在社会上，高颜值的人是少数，想要改变颜值可能要承担巨大的健康和金钱风险，但是"言值"可以通过努力不断提高。更重要的是，通过后天的训练，许多不太会说话的人也能够提高自己的沟通能力。在这方面，我们可以通过阅读口才类书籍、报名学习口才类课程等方法有针对性地提高自己的沟通能力。

每个人都有自己的想法，我们能做的，就是掌握说话的技巧，从而更准确地表达出自己的想法。"言值"是由一个人的内在决定的。一个人的涵养越高，说出的话就越让人感到舒服。但是也有一部分人，可能不太会控制自己的情绪，却因为掌握了说话的技巧，达到了会说话的境界。通过学习这种技巧，我们能够更好地培养自己的内在，让自己成为一个高"言值"的人。

1.2 巧用暗示，也要读懂暗示

我们都知道，暗示是一种重要且普遍的沟通方法。那些不屑使用暗示的人不太容易获得很好的人际关系，甚至连亲近之人都与其渐行渐远。而那些在人际关系与事业上都有良好发展的人，通常都擅长使用暗示，会巧妙地把自己的意图隐藏起来，让对方觉得愉悦。

蒋云开和童全一是多年的合作伙伴。但是最近，蒋云开认为彼此不适合再继续合作，因为自己的公司发展迅速，已经成为行业中的佼佼者，而童全一的公司多年来发展缓慢，并且他自己也不打算在事业上投入太多的精力。

蒋云开是一个十分看重事业的人。为了推动公司的发展，他决定寻找更好的合作伙伴。某次在进行电话沟通时，他对童全一说："在此之前你一直是我最好的合作伙伴，虽然现在两家公司的合作有了一些摩擦，但是我相信我们还会有美好的未来。"

童全一说："感谢你对我的信任，但是我在事业上发展缓慢,不太适合继续做你的合作伙伴。为了不影响你公司的发展,我建议你寻找更好的合作伙伴。"

蒋云开很感谢童全一的理解和支持,两人愉快地解除了合作关系。之后,他还为童全一介绍了一个更好的合作伙伴。

蒋云开通过暗示的方法,和平、友好地与童全一解除了合作关系。这样既保全了童全一的面子,又达到了自己的目的。

与直言不讳相比,暗示就是适当地拐弯,不直接把自己的意图展示出来。这种方法可以避免对方在情感上难以接受。一般来说,我们在与他人沟通时的语言应该简明、准确,但是在一些情景中,把话说得间接、含蓄可以达到更好的效果。

在一次公司会议上,公司总经理向各位部门经理讲解了一个关于某项目的解决方案,并计划在会后着手实施。一位部门经理在分析这个解决方案时,发现其中存在疏漏之处,还需要进行完善。于是,他对总经理说:"总经理,关于这个解决方案,我想到了另一种可能。不然会后我给您发一些资料,您看一下是否可行,好吗?"

总经理随后笑了笑,没有再说安排任务的事情,而是说:"好啊,今天的会议就到这里吧,大家回去多分析分析,提一些自己的意见和建议，明天我们再开会讨论。"

在上述案例中，那位部门经理巧妙地暗示了解决方案并不完善，而总经理也读懂了这个暗示，没有再继续安排任务。有些话如果直截了当地说出来可能令对方不满，此时我们就应该用间接、含蓄的方法来表达，避免引起对方的反感。

每个人都希望他人能够给予自己足够的尊重。当我们用暗示的方法指出他人的错误和不足时，对方会感觉到我们对其的尊重，会更容易接受我们的建议或批评。几乎在所有的交流中，人们都更喜欢幽默、机智、意味深长的表达。一个善于使用暗示的人会更容易满足这种要求，获得他人的好感。

在没有完全弄清楚问题的关键时，不应该对他人进行任何形式的劝导。一旦事情不是我们所想的那样，对方就会产生抵触和排斥的情绪，进而使问题变得越来越糟。如果我们用平等的姿态和暗示性的语言来与对方沟通，就能留出一个缓冲区，让双方能够和缓地进行沟通。

其实，因为每个人的想法与语言并不是完全同步的，每个人在情感与思想上的步调也不是完全一致的，所以用暗示的方法进行沟通非常有必要。良好的沟通离不开暗示，善于使用暗示的人会把自己的人际关系处理得更好，会拥有更多的知心朋友。

1.3 适当自嘲，展现个人魅力

在与人沟通的过程中，难免会遇到尴尬时刻，这时，适当自嘲不仅能够使我们顺利缓解尴尬气氛，还可以体现出我们的高情商，展现个人魅力。

某公司的部门经理张明工作能力突出，平易近人，但是身材矮小，可他并不忌讳别人提起他的短板，反而擅长利用自己的短板，化劣势为优势。

有一天，他按照公司的要求为新员工培训。在培训过程中，他本想在黑板上书写笔记，却不想因黑板过高，自己根本够不到黑板的顶端，而从黑板中低部开始书写笔记又不太美观。无奈之下，他只好收起粉笔，对大家说："我也没想到黑板会这么高，我应该带一个小板凳过来。不过，公司之所以让我来为大家培训，就是因为我在任何场合都不会挡住公司的 Logo。说起这个 Logo，那可是历史悠久……"随后，他便自然地为大家讲起了公司的发展史。

张明通过自嘲的方式既缓解了尴尬气氛，又让大家在哄笑过后能集中精神听他讲公司的发展史，并且拉近了自己与新员工之间的距离，在新员工心中树立了一个平易近人的形象，可谓十分高明。

可见，自嘲在沟通中是与对方拉近距离的利器，不仅能为沟通内容加分，还能帮助人树立一个开朗、幽默的形象。不过，要想学会自嘲，我们还需要注意以下细节。

首先，把握主动权。每个人都存在一些缺点。当我们意识到自己的某个缺点可能会被别人调侃时，不妨抢先一步，由自己去调侃。如此一来，我们就不会因为这个缺点而出丑了。同理，当我们不小心出丑时，也可以自嘲解围。把主动权掌握在自己手里，别人便很难再用这个缺点做文章了。

在某公司年会上，部门经理在上台讲话时不小心摔了一跤，随后他调侃道："还好我有这一身肉，不然来一个瘦一点儿的人，讲话就提前结束了。"听到这句话，很多人都忍俊不禁，刚才的尴尬气氛一扫而空。

其次，自嘲不是自贬。有时候，有些人会将自嘲等同于自贬。而事实上，自嘲与自贬有很大区别。自嘲是一种看待问题的豁达态度，反映的是积极的价值观；自贬却常带有消极成分。例如，对于身材肥胖这件事，自嘲的人会说："谁身上还没二两肉？我只不过比他们再多二两而已。"而自贬的人会说："我长得胖，没人喜欢。"两种不同的说法反映了两种不同的心态，自然也会带给他人两种不同的感受。

自嘲的人会因为豁达和幽默受到他人的尊重，这样他人也会忽视他的缺点，更关注他的发光点。而自贬的人更容易受人鄙夷，更容易把沟通推向尴尬的境地。

最后，自嘲要看对象。有时候，一些人的自嘲反而会引起他人的反感。例如，一个身材匀称的人在一个身材丰满的人面前自嘲身材肥胖，对方只会觉得这个人在讽刺他，又怎么能笑得出来呢？因此，自嘲要看对象，自嘲的目的是适当赋予对方优越感，和对方拉近距离，只有这样的自嘲才有意义，才能让人心生亲近感。

1.4 "沟通大师"都是情商高手

网上曾经流行一句话："所谓高情商，就是会说话。"一个人的情商高不高，往往就是看他会不会说话。简单来说，高情商的人能够理解他人，站在他人的角度考虑。如果我们在做事之前，可以适当考虑他人的喜恶，那么不仅可以让他人舒心，也能够让自己称心。在人际交往中，掌握沟通的技巧非常有必要。如果你想成为"沟通大师"，那么必须先提高自己的情商。

在电视剧《大宅门》中，二奶奶就是一个善于理解他人的情商高手。当白老爷子提到想为"自己府上的车被砸、马被杀"这件事出气的时候,二奶奶劝道:"退一步海阔天空,这事儿算了吧。"

但是白老爷子没听她的劝告,依旧我行我素。后来,白老爷子虽然出了气,但是惹上了更大的麻烦,于是后悔地对二奶奶说:"悔之晚矣,当初听你的就好了。"

这个时候,如果换成低情商的人,可能会说:"我当初说什么来着?现在后悔也晚了。"但是高情商的二奶奶并没有这么说,而是说:"这事儿也不能忍,该出气时就得出气。"一句话说得白老爷子心里十分熨帖。

二奶奶无疑是一位具有同理心的高情商的"沟通大师"。白老爷子已经明白了自己的错误,再严厉责备就不合适了,此时给予对方一些温暖的慰藉才是最好的。

高情商代表着自我掌控与同理心两项能力。自我掌控即控制自己的情绪,不斤斤计较、不得理不饶人;而同理心则是感同身受,设身处地地为他人着想。高情商的人往往都具备这两项能力,善于照顾他人的感受和情绪。

"沟通大师"乔·吉拉德说过:"当你认为别人的感受和你自己的一样重要时,才会出现融洽的气氛。"因此,要想成为情商高手,在与人沟通的时候不妨多站在对方的角度思考问题,了解对方的初衷,并据此组织语言。

1.5 "沟通大师"的必备优点

每个人都有理性和感性的一面。"沟通大师"的必备优点就是能够正确地调动理性和感性，既不在该理性的时候感性，也不在该感性的时候理性。

邢丽就是这样一位"沟通大师"，既能理性地和他人沟通问题，又能感性地给朋友温暖的安慰。

有一次，邢丽的一个朋友打电话和她抱怨："哎呀，我今天在工作的时候不小心犯了个错，虽然没有酿成大祸，但领导还是批评了我一通。我明明认真准备了，结果还是出了错，你说我是不是不适合做这份工作啊？"

听到朋友的抱怨，邢丽没有和朋友一样陷入负面情绪，也没有说"你这马虎的性子是该改改了"这样伤人的话，而是说："我觉得你很适合做这份工作啊。你忘了两个月前我们还一起庆祝你升职的事情，这说明你的领导是很认可你的。你刚刚升职，工作压力大，工作出错也情有可原，不必因为这件事就灰心甚至怀疑自己，以后注意就好了。我相信你以后一定能够把工作做好。"

听了邢丽的这番劝解，朋友的情绪好了很多，也恢复了自信。

还有一次，邢丽与朋友相聚，朋友同样情绪很低落，询问之后才知道朋友的亲人过世了。这个时候，邢丽并没有理性地和朋友说"看开点，生老病死是不可避免的"，而是抱了抱朋友，对她说："我知道你很难过，想哭就哭吧，我在你身边。"

朋友听到这句话随即痛哭了一通，情绪平复之后才对邢丽说："谢谢你的安慰，我现在好多了。"

高情商的人知道什么时候该理性地沟通、什么时候该感性地沟通，以达到更好的沟通效果。同时，我们应该注意，在进行理性沟通时，自己说出的话最好有理有据，只有这样才能让人信服。而在进行感性沟通时，我们也要学会共情，切身感受对方的情绪。

1.6 案例：委婉的暗示是最好的批评

在生活和工作中不可能避免批评，为了取得更好的效果，我们要学会巧妙批评，让他人既能意识到自己的错误，又能感受到批评中的善意。在这方面，我们可以通过暗示的方式巧妙地提出批评。

宋朝的张咏和寇准是多年的好友。当得知寇准升为宰相时，张咏对下属说："寇准是一个奇才，可惜在学术上还有不足之处。"基于多年的友谊，他很想找个机会劝老朋友多读些书。

刚好不久之后，张咏和寇准有机会相聚在一起。老友相会，两个人都十分高兴。告别的时候，寇准问张咏："你有什么可以指教我的吗？"张咏正想趁机劝寇准多读书，但转念一想，寇准已是堂堂宰相，自己怎么能够直截了当地说他没学问呢？于是，张咏思索了一会儿，说："《霍光传》不可不读。"

回到相府后，寇准找来《霍光传》并开始仔细阅读。当他了解到霍光因为不学无术、不明大局而招致祸事的时候，恍然大悟，明白了张咏是在用霍光的例子教育自己。

张咏与寇准是至交好友，但寇准位居宰相，如果张咏批评重了，难免会伤害寇准的自尊心；如果批评轻了，又难以让寇准加以重视。在这种情况下，张咏让其读《霍光传》的劝告就显得十分巧妙。张咏通过这种委婉的劝告方式，使寇准愉快地接受了自己的建议。

第 2 章
升级思维：
与对方沟通的必要前提

在沟通的过程中，有时费尽口舌也无法说服对方。这是为什么呢？很大一部分原因是沟通者能力不足，使用的方法不对，没有在逻辑和思维上下功夫。本章主要介绍一些实用的"逻辑思维"沟通术，如金字塔逻辑思考图、SCQA 结构、MECE 分析法等。

2.1 金字塔逻辑思考图的基本框架

在沟通之前,我们必须确认两个重点:一是要解决什么问题,二是希望得到对方什么样的回应。在实际沟通时,我们应该遵循三个原则:分析对方的想法,预判对方的第一反应,组织自己的语言。其中,最后一个原则可以用金字塔逻辑思考图来表示,如图 2-1 所示。

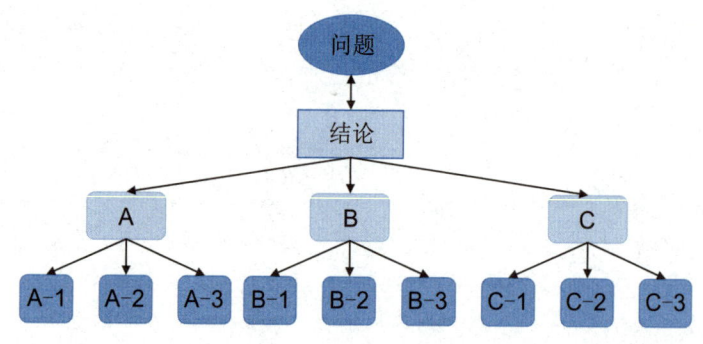

图 2-1 金字塔逻辑思考图

在构建金字塔逻辑思考图时,我们应该先了解问题和结论,然后写三个或三个以上支持结论的理由。这些一级论据本身也可以是论点,被二级论据支持。如此延伸下去,就可以构成"金字塔"的形状。那什么样的沟通方式更容易理解呢?一般来说,我们要遵循"问题→结论→理由→行动"的顺序,这样可以让沟通更清晰、更有条理。

第 2 章 升级思维：与对方沟通的必要前提

其中，结论是对问题的回答，只要问题明确，结论就会更容易阐述。在阐述结论时，通常会使用由主语和谓语组成的判断句，即"××是××"。在口语表达中，人们为了叙述方便，经常会把主语省略。例如，问题是"为什么经济不景气，加班时间还是不断增加"，那结论就可以是"（经济不景气，加班时间却不断增加的）原因是准备提案的时间增加了"。

了解了问题和结论的关系之后，接下来介绍一下结论和理由的关系。如果我们在沟通时想要阐述的内容有很多，就要思考一下什么是我们最想说的，把这个最想说的内容作为结论，再思考如何堆叠剩下的内容，并使这些内容成为支持结论的理由。

假设我们在进行改善提案的沟通，想要阐述的内容有"准备提案的时间增加了""改善提案需要时间""想做出比其他公司更好的提案""很难用现有的提案拿下这个项目"。首先，我们应该明确最想说的内容是"准备提案的时间增加了"，并将其作为结论；其次，把剩下的内容依次排列；最后，组织语言如下。

结论：（经济不景气，加班时间却不断增加的）原因是准备提案的时间增加了。

理由 1：很难用现有的提案拿下这个项目。

理由2：想做出比其他公司更好的提案。

理由3：改善提案需要时间。

如果像上面这样组织语言，就可以让内容更容易理解。此外，在组织语言方面，我们还应该做到以下三点。

（1）自下而上思考，自上而下表达。思考要从已有的素材和论据出发，进行提炼和概括；表达要从中心论点出发，阐述论据。

（2）总结概括要有理有据，而且语言应该精练；归纳分组要符合逻辑顺序，并且形成完整的组织架构。

（3）讲故事，显精华。瞄准对方的兴趣点，吸引对方的注意力。

为了更好地运用金字塔逻辑思考图，我们必须注意以下五个方面，如图2-2所示。

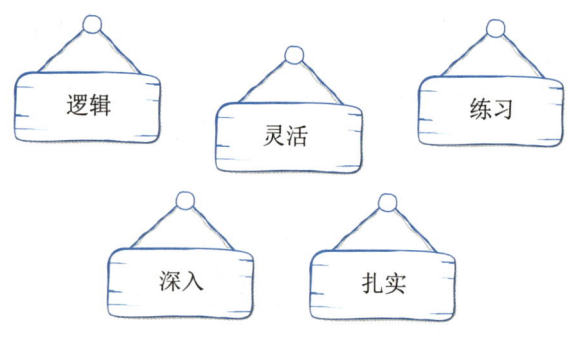

图2-2　金字塔逻辑思考图的运用

（1）逻辑。逻辑是思考与表达的关键。

（2）深入。要深入生活，而非仅止于工作中的思考与表达。

（3）灵活。应该为了表达而运用金字塔逻辑思考图，不应该生搬硬套。

（4）扎实。将金字塔逻辑思考图的原理及原则记好，清楚在何种情形下如何使用。

（5）练习。只有时常使用与练习，才可以将知识转化为自己的宝藏。

当我们在与他人进行沟通时，运用好金字塔逻辑思考图不仅可以将自己的观点清晰、明确、详细地向对方阐述，而且可以更好地将自己的思想灌输给对方，从而说服对方，与对方保持良好的关系。

2.2　SCQA 结构：实用的故事法

想让沟通更顺畅，除了要运用金字塔逻辑思考图，还应该掌握 SCQA 结构。SCQA 结构由四个要素组成，如图 2-3 所示。

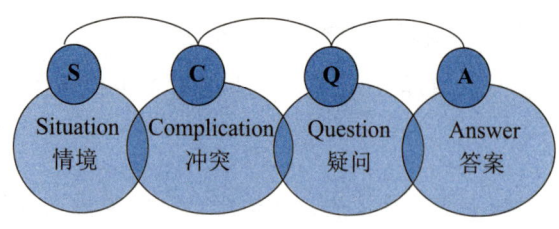

图 2-3 SCQA 结构的组成要素

S：Situation（情境），由大家都熟悉的情境引入事实。

C：Complication（冲突），但是实际情况往往和大家的要求有所冲突。

Q：Question（疑问），怎么办？

A：Answer（答案），解决方案是什么？

在沟通时，如果要使用 SCQA 结构，就要建立有意义的情境，并给出有凭有据的答案。下面我们来看一个利用 SCQA 结构进行沟通的案例。

李先生要和客户进行一次有关商务条款的沟通，李先生提出要 12% 的佣金，但是客户只能接受 8% 的佣金。其实，只要客户一次性付款，即使只有 8% 的佣金，李先生也是可以接受的。

1. 直白沟通法

客户：12% 的佣金太高了，我最多只能接受 8% 的佣金。

李先生：12% 的佣金真的不高，这在行业中算是偏下的水平了。

客户：只要佣金高于 8%，我们就不谈了。

李先生：如果您坚持只给 8% 的佣金，那么必须一次性付款。

2. SCQA 故事法

客户：12% 的佣金太高了，我最多只能接受 8% 的佣金。

李先生：您真是谈判高手，我也非常理解您的工作。之前，我在和××公司（和客户公司的规模与性质都类似的一家公司）谈佣金时，对方正处于降本增效改革期，所以成本控制得比较严格。当时考虑到项目的难度，我提出的佣金是 18%，对方直接砍到 12%，但是这个佣金已经低于我公司的成本了，我无法接受。经过深度探讨，双方都做出了一些让步，最终佣金降到 12%，而对方也同意一次性付款。不知道这种方式您可以接受吗？

客户：就按照你说的这样做，我可以一次性付款，佣金改为 8%。

通过以上案例我们可以知道，如果李先生用普通的直白沟通法和客户进行沟通，那么双方可能达不成合作；但如果李先生用 SCQA 故事法和客户进行沟通，引入历史交易的情境、表明冲突、提出疑问和解决方案，那么双方就可能在相互妥协中达成合作。

在沟通或谈判中，SCQA 结构非常实用，大家不妨学习一下。

2.3　通过 MECE 分析法提取关键因素

MECE（Mutually Exclusive and Collectively Exhaustive，相互独立且完全穷尽）分析法有两个特点：一是各部分相互独立，二是所有部分完全穷尽。"相互独立"意味着问题在同一维度上，而且是不可重叠的，只有这样才不会做无用功；"完全穷尽"意味着全面、周密，只有这样才可以不误事。

MECE 分析法的重点在于帮助大家找到所有影响预期目标的关键因素，以及所有可能的解决办法，并据此制定令人满意的解决方案。在使用 MECE 分析法时，我们需要注意以下事项。

（1）在明确所有问题的基础上，逐个往下层层分解，分析出关键问题和初步的解决思路，直至针对所有问题都找到令人满意的解决办法。

（2）首先，在不考虑现有资源限制的基础上，找出能够解决问题的所有办法，包括多种办法结合产生的新办法；其次，在现有资源的基础上，对所有可能的解决办法进行分析和比较；最后，从所有可能的解决办法中找到最符合当下实际情况，也最令人满意的办法。

总之，在进行沟通或谈判时，无论是分析事实、创建假设，还是证伪假设，每个环节都要贯穿 MECE 的思维准则，即对问题的思考要更完整、更有条理。MECE 分析法有利于培养结构化思维，而结构化思维能够帮助大家解决一些关键问题。使用 MECE 分析法，需要先找到"线头"，厘清思路，而不要否认事物之间的相互联系。

2.4 分析原因，剔除不必要的枝蔓

在生活中，很多人都会遇到这样的情况：与对方进行了长达三四个小时的谈话，虽然整个过程很愉快，但是等到谈话结束之后，才发现是在做无效沟通。这是因为在谈话的过程中，双方几乎都在闲聊，没有一个明确的话题。

现在，人们总喜欢以天气、家庭、兴趣爱好及经历为话题进行闲聊，这种漫无目的的沟通往往没有什么效率。当

然,如果是日常交流,这种沟通并不会有什么严重的后果。如果是在极其追求效率的商务谈判中,则要少说一些没有"营养"的客套话。

商务谈判与日常交流有很大不同。商务谈判需要有明确的话题,而且话题不可以过于分散,因为人的精力是有限的。在商务谈判中,如果不停地变换话题,可能导致没有任何一个话题能够得到深入讨论,双方也达不成共识,最后乱作一团。这就像一棵树,枝蔓太多,就分不清主次了。枝蔓无非有两种:一种是思考的枝蔓,另一种是表达的枝蔓。

1. 思考的枝蔓

人的思考方式通常从发散开始,再到收敛结束。在发散时,枝蔓越多越好,而在收敛时,枝蔓则收得越拢越好。这样方便找到那个"点",把自己的所有思考都收住。以回答"干货是什么"这个问题为例,很多人都觉得这是一个难解的问题。

作为一个网络词汇,"干货"在不同的背景下有不同的含义。例如,"接地气""不空洞""原创""内容翔实"等词语都与"干货"有关。于是,在一片混沌的含义中,有人赋予了"干货"一个只有七个字的含义:没有废话的长文。这个含义就把其他的枝蔓剔除了，非常精简，也很难被反驳。这就是剔除了思考的枝蔓，保留了核心的东西。

2. 表达的枝蔓

有些人说话非常啰唆，明明一句话就能说清楚的事，非要花费半小时，甚至更长的时间。不懂得用简练的语言表达观点的人有很多。实际上，"减字"要比"增字"更费时、费力。一般来说，表达的枝蔓主要包括偏离主线和过度交代两种。

其中，偏离主线很好理解，就是东拉西扯，很久都不进入正题。为了把表达的枝蔓剔除，我们应该把东拉西扯的东西全部删去。过度交代则是一种"用力过猛"或"好心过头"的表现，即因为怕别人听不懂，所以尽量把事情说得十分详细，这样其实是低估了别人的理解能力。

有时，要想剔除表达的枝蔓，只做到不偏离主线或不过度交代是远远不够的。我们还可以使用比喻的形式，因为这样常常能达到"四两拨千斤"的效果。例如，对于"如何看待自己不怎么喜欢的人"这个问题，有人做了一个比喻：对那个你喜欢、对方却不喜欢你的人来说，你就是他餐桌上的一盘苦瓜炒肉，虽然可以吃到肉，也能败火，但味道总是苦了一些。"苦瓜炒肉"这个比喻之所以十分恰当，其实也是剔除枝蔓，抓住核心主线加以表达的结果。

要知道，思考和表达都是一种训练。要想剔除枝蔓，必须进行长期、有意识的练习。

与此同时，这也是一个精神诉求日益精致和挑剔的过程，是一个永无止境的过程。因此，在生活中，我们在进行思考和表达时，要有意识地剔除一些无关紧要的东西，这样才能在商务谈判或日常交流中观点鲜明、表达清晰。

2.5 进行逻辑细化，提高思维的深度

逻辑思维在沟通中是很重要的，原因在于时代正发生着巨大的变化。如果我们食古不化、照搬旧例，那么沟通的成功率只会不断降低。遗憾的是，许多人并没有掌握逻辑思维的真谛，更没有可视化的交流能力。在这种情况下，即使是自己费尽心力得出的结果和提出建议，仍可能无法顺利地传达给对方，最后只能白白浪费各自的宝贵时间。

当然，如果只是简单地了解或锻炼逻辑思维，也许并不能为沟通创造多大的价值。其实，关键是要把逻辑思维当作达成目的的手段，并在实践中加以灵活运用。当下，"具备逻辑思维能力"成为一种时尚。当然，若能以此为目标努

力学习，自然再好不过，但如果只是靠表面上的了解，则并不能切实地提高沟通的质量。这是因为脱离实践的逻辑思维能力只是纸上谈兵，没有实际意义，也无法取得好的效果。

沟通和逻辑思维一样，也是达成目的的手段。在沟通时，最终的目的必须由当事人自己决定。除此之外，我们也可以把沟通视为逻辑思维的重要应用。那么，如何才能培养逻辑思维呢？最重要的是进行逻辑细化，提高思维的深度，如图 2-4 所示。

1. 深入思考，找到问题的边界
2. 跳出思维的框架，不能硬往里套
3. 多讨论，找到思考问题的角度
4. 努力拓宽视野，保持好奇心和敏感度
5. 多加实践，找出细节和疏漏之处

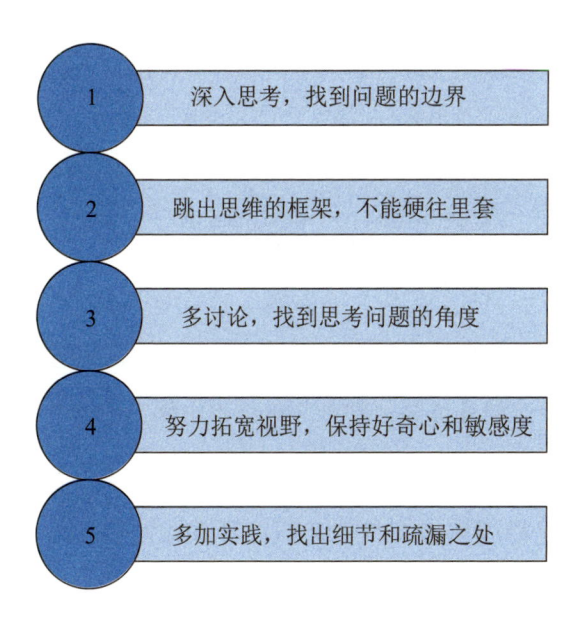

图 2-4　培养逻辑思维的方法

1. 深入思考，找到问题的边界

要知道，所有的问题都会有一定程度的假设。我们需要找到假设和实际的边界（问题的边界），通过仔细观察这个边界，就会发现很多不缜密的地方。例如，大家都知道一个常识：冰的熔点是零摄氏度。其实，这背后包括很多假设：在真空的环境中，冰的熔点是多少呢？如果不是在标准大气压下，那冰的熔点还是零摄氏度吗？如果是重水，那冰的熔点又是多少呢？为什么同位素氘会影响冰的熔点……如果我们在某个领域深入思考下去，则在任何一个方向上都会很有深度。在此过程中进行的大量假设，就可以显示出思维的深度和缜密度。

2. 跳出思维的框架，不能硬往里套

虽然每个人都应该有一套属于自己的思维体系，但是一定要时不时跳出这个框架进行思考。如果总是硬往里套，就会影响思维的深度和缜密度。很多思维体系都是人们通过不停地跳出自己的框架而得以发展的。例如，大家所熟知的相对论就是爱因斯坦在跳出又不否定牛顿力学适用性的情况下，所打的一个更缜密的"补丁"。当然，其深度和影响力也是不言而喻的。

3. 多讨论，找到思考问题的角度

在生活中，我们不要害怕提问和讨论，要多与身边的朋友或牛人"抬杠"。这样能从中学习到很多优秀的思维方法，看到他们思考问题的角度。时间久了，我们也能提高思维的深度和缜密度。在讨论的过程中，我们的自尊心和斗志会帮助我们发现别人观点中的漏洞，努力弥补自己观点中的漏洞。即使在讨论中被别人说服了，我们也可以获得很多经验。因此，在日常交流中，我们要多问问题，多思考。而且，通过进行多角度的思考，我们问的问题也会越来越有深度。

4. 努力拓宽视野，保持好奇心和敏感度

我们要保持对新事物的好奇心和敏感度，努力拓宽自己的视野。如果一个人的视野非常狭窄，那么他很难提出有深度的问题，也不可能对其进行深入思考。而且，一个对新事物不敏感又没有热情的人是很无趣的，并且缺乏逻辑思维能力。要知道，事物之间有着千丝万缕的联系，即使是看起来毫无关联的两个事物，也许通过类比或其他途径也能触发我们的灵感，给我们带来启发。

5. 多加实践，找出细节和疏漏之处

古语有云："纸上得来终觉浅，绝知此事要躬行。"逻辑思维能力的获得并不是理解方法就可以，而是需要花气力，身体力行，找出细节和疏漏之处。终日思考而没有切身的体会，只会让思考流于浮夸的抬杠，而缺乏对关键细节的把握。在沟通中，各种论点和论据都要严谨，否则稍有不慎就会造成"大意失荆州"的后果。

2.6 案例：灵活运用 SCQA 结构

在日常沟通中，我们面对的情况往往十分复杂。面对多样且复杂的情况，我们需要根据实际情况灵活运用 SCQA 结构。在实际应用中，SCQA 结构可以演变为开门见山式（ASC）、突出忧虑式（CSA）、突出信心式（QSCA），以突出不同的沟通重点。

1. 开门见山式（ASC）：答案—情境—冲突

经典运用场景：和老板沟通，言简意赅。

例如，你想晋升到管理岗位，可以这样和老板沟通："老板，我希望能在团队中获得带新员工的机会。"开门见山，

直接抛出答案（A），让老板明白你的意图。

然后，可以接着说："这一年，我的绩效考核成绩一直保持在团队前三名，其中，4月、7月、9月还获得了第一名。在工作中，我一直在反思自己的工作方法，提升自己的工作能力。这一年，我共为团队提出了5条被认可的发展建议，指导了3位新员工的工作，他们在试用期间的平均绩效比其他人高出30%。在这个过程中，我发现目前很多新员工都缺少必要的指导，难以快速融入团队，为团队做贡献，这无疑是一种资源浪费。"这是情境（S），用事实表明自己业绩优秀，同时能带好新员工。

最后，可以这样说："但是，我目前在一线工作，没有更多的时间和机会指导新员工，这让我难以为团队做出更多贡献，所以我希望获得一个晋升到管理岗位的机会。"这是冲突（C），表明岗位与个人之间的冲突。

用这种方式和老板沟通，老板就不会说"直接说重点"，因为第一句话你就把重点说出来了。

2. 突出忧虑式（CSA）：冲突—情境—答案

经典运用场景：说服他人，争取支持。

在日常沟通中，医生经常运用这种方式。

例如，一位医生说："哎哟，你这病不轻啊！"这就体现了冲突（C）。听到这句话，病人的心一下子就会悬起来。

"还好，能治好。有一种新药专门针对这种病症，副作用还小。"这就体现了情境（S）。听到这句话，病人悬起的心总算能够放下了。

"就是这药有点贵。"这就是医生最终想说的答案（A）。

这种方式突出忧虑、强调冲突，能够激起对方的忧虑感，从而激发对方对情境和答案的关注。在和对方沟通一件事时，如果你希望吸引对方的注意力，就可以通过这种方式来沟通。

3. 突出信心式（QSCA）：疑问—情境—冲突—答案

经典运用场景：激励团队，树立解决问题的信心。

很多人在开会时都会遇到这样一种尴尬的情况：自己讲了很多，但其实没什么人在听，会议结束前问大家还有什么问题，往往也是一片寂静。在这种情况下，我们就可以用这种方式和他人沟通。

例如，某公司经理在会议上提出了改善业绩的方法，同时说道："我们怎样做才能实现明年收入增长200%的目标呢？"首先抛出疑问（Q）。

"目前,受新冠疫情影响,整个市场的经济形势不容乐观。"其次表明情境(S)。

"如果我们还是维持现状,不要说完成收入增长200%的目标,保持收入不降低都十分困难。"然后表明冲突(C)。

"要想实现收入增长200%的目标,就必须行动起来,积极落实业绩改善方法。"最后给出答案(A)。

总之,方法是多变的,在沟通中,我们一定要明确自己的沟通目的,选择合适的沟通方法。

第 3 章
前期准备：
凡事预则立，不预则废

沟通的作用是为双方架起一座友谊与合作的桥梁。通过这座桥梁，双方都能获得信息和自己需要的东西。不过在此之前，我们必须先购置建筑材料，做好搭建桥梁的准备。所谓"凡事预则立，不预则废"，只有做好充足的前期准备，才能取得预期的效果。

3.1 理解沟通的内涵，找准话题

在沟通时，话题重要吗？当然。试想一下，一位男士和自己心仪的女士聊天，但是聊着聊着突然冷场了，这是一件多么尴尬的事。好的话题往往符合双方共同的兴趣爱好。例如，两个喜爱旅游的人可以聊一聊各自去过的景点，两个美食家自然要聊一聊珍馐美味，两个音乐达人则要聊一聊自己喜欢的音乐和最近听到的歌曲。

如果两个人初次见面，那么应该如何找话题呢？正确的做法是从外表着手。如果别人能通过我们的外表推测出我们的兴趣爱好，那么反过来，我们也可以从对方的身上推测出他的兴趣爱好，并在此基础上找话题。我们可以通过观察对方的穿衣打扮、随身携带的物品来推测他的兴趣爱好，从而为沟通找到合适的话题，进而拉近彼此之间的关系。

例如，如果对方的包包上挂了一个二次元的公仔，或者手机壳的图案是某二次元的角色，那么我们就可以大致判断对方是一位二次元爱好者。有了这个判断之后，我们就可以以二次元为切入点展开话题，和对方聊一聊新出的动漫、对方喜欢的动漫人物等。再如，如果对方喜欢随身戴着蓝牙耳机听歌，那么我们可以以音乐为切入点展开话题，和对方聊一聊新出的歌曲、对方喜欢的歌手等。又如，如果对方穿的是运动服、戴着运动手表，或者手臂上有明显的肌肉线条等，那么我们就可以大致判断他是一位运动爱好者。这时，健身习惯、健身计划、健身 App 等都可以成为接下来的话题。

在通过观察外表推测出对方的兴趣爱好以后，不要急切地开始进行谈话，否则不利于引起对方的聊天兴趣，拉近彼此之间的关系。如果你感觉自己对某个话题有较多了解，那么当然可以大胆地谈论。但是如果你对某个话题没有了解，也没有很大的兴趣，就不要轻易提及，否则会产生这样的结果：对方谈兴正浓却发现你的表情十分冷淡。

外表可以在很大程度上反映一个人的兴趣爱好、心理状态、生活态度等。我们经常说的"相由心生"，也是这个道理。当然，外表也有可能是一种假象。所以，在聊天的过程中，如果我们仅通过观察外表推测对方的兴趣爱好、心理状态、生活态度等，则很有可能获得虚假的信息，以至于找不准话题。

如果确实出现了这种情况，并且箭已离弦，那么我们就要仔细品味对方的语句，观察对方的动作，留意对方的表情，注意对方的眼神。在聊天的过程中，一旦发现不对劲的地方，我们就必须及时调整话题，寻找新的切入点。

我们通过观察外表确定话题，从而引起对方的兴趣是一种比较直接的方式。但是，在和陌生人见面时，如果我们只观察他的外表，那么很可能找不到合适的话题。这时我们就需要从自身出发，试着就自己感兴趣的、擅长的话题进行谈论。在这个过程中，要注意观察对方的反应，倾听对方的话语，以判断他是否对话题感兴趣。这就是我们常说的投石问路的方法。

如果发现对方对正在谈论的话题感兴趣，就继续谈论这个话题；如果发现对方表情冷淡，既不说话也不提问，注意力不集中，就需要适时改变话题，或者看看能否从他之前的话语中发现其感兴趣的话题。

总之，为了让聊天的过程更轻松、愉快，我们必须找准话题。在具体操作时，获取对方更多的信息，以双方共同的兴趣爱好为话题是一个不错的选择。

3.2　在沟通之前，先增长知识、积累谈资

有些人可能觉得疑惑：为什么别人自带演讲者风范，什么都能说，而自己在和别人沟通时大脑一片空白，不知道说什么好？归根结底，是这些人缺乏知识储备。如果一个人总

是局限在自己的小圈子里，怎么能丰富自己的谈资呢？所以，在沟通之前，我们应该先增长知识、积累谈资。

沟通并不是漫无目的地侃大山，而是针对某些具体的领域，与沟通对象展开深入的交流。关于具体的谈资，有以下三种情况：一是基于兴趣爱好，比如对方喜欢书法和绘画，那么可以和对方聊些与艺术相关的话题；二是基于某一热点事件，比如对方想聊一聊共享单车、电商生鲜等行业热点，那么在对这些话题的沟通中表达自己的思考，让对方了解自己的认知和态度，会产生更好的沟通效果；三是基于对专业领域的认知，比如对方是某行业的资深人士，那么和对方聊一聊该领域的专业知识，展示自己的专业性，能够提升对方对自己的信任度。

既然谈资十分重要，那么我们应该如何积累谈资呢？具体的方法有很多，我们可以根据自己的喜好选择合适的方法。

对喜欢看视频的人来说，可以看一些口才类的电视节目，比如《奇葩说》《吐槽大会》等，也可以在 B 站、抖音上看一些与此相关的短视频，了解沟通高手是怎样说话、怎样思辨的，同时可以从中了解社会热点；对喜欢听音频的人来说，可以在喜马拉雅、蜻蜓 FM 等 App 上听别人读书，或者听某领域的专家分享自己的见解；对喜欢看文章的人来说，今日头条、知乎等都是学习的好场地。这些方法都没有时间的限制，我们可以充分利用每天的碎片化时间，在午休的时候、上下班的路上不断学习。

还有一些人不喜欢单独学习，而喜欢在与别人的沟通中获取知识。对这样的人来说，最重要的就是找到适合聊天的人。例如，参加各种招商会、行业聚会等，多与行业中的大拿沟通，学习他们的经验，丰富自己的谈资。

此外，"学而不思则罔"，在不断积累谈资的过程中，我们还需要保持思考。在学习或与对方沟通的过程中，我们要时刻审视对话内容，多问"为什么"。只有这样，我们才可以更好地拓宽自己的知识面，深化对知识的理解，在之后的沟通中做到游刃有余。

谈资是我们与沟通对象建立良好沟通环境的基础，也是我们经验和阅历的体现。同时，积累谈资是一个长久的过程，需要不断地学习和沉淀。在这个过程中，千万不可急功近利，也不可自满。

3.3 塑造良好的形象，多给对方以尊重

尊重是每个人都有的需求。如果在沟通时，对方觉得自

己得不到应有的尊重,那么很可能导致沟通失败。尤其是对那些有强烈尊重需求的人来说,一旦自尊心受到伤害,感觉自己丢了面子,则很可能启动心理防卫机制,甚至做出充满敌意的攻击性行为。此外,这些人还会表现出不愿意与对方继续沟通的倾向,进而阻碍沟通的进展。

在沟通时,尊重需求体现在人格、身份与地位、学识与能力等多个方面。其中,人格尊重是指措辞礼貌而有分寸,不使用侮辱性的语言,不对对方进行人身攻击;身份与地位尊重是指用正确的礼仪接待对方,保证双方处于平等地位,不以东道主的身份处处占上风,不对对方颐指气使,不自吹自擂,不看低对方;学识与能力尊重是指在赢得主动权时不喜形于色,不嘲讽对方,诚心看重对方的实力,这也是最高层次的尊重。

即使我们不认识对方,甚至不喜欢对方,但只要尊重到位,愿意与对方以平等的身份进行沟通,对方通常也不会轻易拒绝我们的请求。无论是沉闷无聊的朋友、高高在上的老板,还是喋喋不休的同事、叽叽喳喳的陌生人,我们都应该以礼相待,尊重他们的需求,并以协商的态度共同解决问题,只有这样才会让自己离沟通的目的更进一步。

江云霏是一位人际关系顾问,她曾经乘坐某航空公司的夜间航班，航程长达 5 小时。登机以后，她发现一位乘客正在向乘务员大发牢骚。这位乘务员一边应对乘客的抱怨，一边捂嘴咳嗽，看上去身体非常不舒服。

于是，江云霏把背包里的一瓶水递给了这位乘务员，同时递上了几片止咳药，说了几句关切的问候。乘务员满怀感激，接受了她的好意。江云霏这样做并不是想收买人心，而是因为她本来就是一个乐于助人的人。她知道，即使乘务员的职责就是以服务人员的身份面对乘客，帮助乘客解决问题，也应该得到尊重。

后来，江云霏礼貌地表示如果晚餐有剩余，希望可以再得到一份。她没有向乘务员施加一点儿压力，也没有发出一丝牢骚和抱怨。她将自己的诉求传递给乘务员之后，立刻又获得了一份晚餐。江云霏向乘务员表示了感谢，并得到了一份小礼物。按照江云霏的说法，与人为善，必有福报。其实，仅付出尊重，就可以得到理想的结局，这样何乐而不为呢？

林知行是一位资深媒体人，写过很多观点深刻的新闻评论。有一次，他的大学室友何远到他所在的城市出差，顺便来看望他。晚上，两人边吃边聊，突然聊到了当时的热门事件——某名牌大学教授被骗巨额钱财。

林知行对此事有过研究，他觉得要把这件事说得更透彻，可能需要几千字，但何远只用了几句话便"深切地表达了自己的想法"。在林知行看来，何远的观点过于肤浅，即使是普通的新闻工作者，也能找出证据把这个观点推翻。

但林知行并没有那么做，他理解何远的想法，也理解何远给出如此评论的原因。后来，林知行在尊重何远的基础上，说出了自己的想法。最后，何远欣然接受了林知行与自己在新闻评论方面的差距，并对林知行表示由衷的佩服。

伟大的古希腊哲学家柏拉图曾经说过："当你在教导他人时，不要让对方发现自己正在被教导；当指出他人不知道的事情时，要让对方感觉到你只是在提醒他一时忽略了的事情。你不可能教会他人所有的东西，但你可以告诉他人应该怎么处理这种事情。"

即使我们确信对方的观点是错误的，但在沟通中，我们也要以平等的姿态表达我们的看法。每个人说的话都有一定的道理，在情感上，我们要表现出对对方的尊重和认可。

3.4 收集信息，做到知彼知己

在沟通时，了解对方的信息是非常重要的。其实说到底，沟通既是一场心理战，也是一场信息战。所谓"知彼知己，百战不殆"，哪一方获得的信息多，他就可以在一定程度上掌握沟通的主动权。在信息上占据优势地位的那一方往往能够知道对方的真正需求及利益界限，从而制定准确的沟通方案。

判断一个沟通方案是否准确，不仅要看其战略目标是否正确、可行，还要看其是否具备一定的适应性和灵活度。决定沟通成败的关键在于沟通方案准确与否。要想制定准确的沟通方案，需要大量可靠的信息作为依据，只有这样才可以让沟通朝着更好的方向发展。

因此，在沟通的过程中，各方都会采取措施以获得更多的信息，也会设法将对己方不利或暂时不宜公开的信息严加保密。掌握充分且准确的信息，对参与沟通的各方来说具有举足轻重的意义。

如果我们将代表公司和另一家公司的负责人商讨合作事宜，那么我们需要在沟通前收集哪些信息呢？首先是对方公司的信息，包括对方公司的规模、主要业务、产品类型、在行业中的信誉，以及双方公司此前有无合作经历等。其次是对方负责人的个人信息，包括身份、年龄、经历、爱好、性格等。

怎样获得这些信息？我们可以在网上收集对方公司的相关资料，或者在行业信息圈中询问与该公司及其负责人打过交道的其他人员。

掌握这些信息对沟通十分重要，从中选择合适的切入点进行沟通往往能够取得意想不到的效果。

某公司的销售员钱亮在谈一场合作之前，对对方公司及其负责人进行了基本的调查，意外发现对方负责人孙斌和自己是同一所学校毕业的。于是，在两人的沟通中，钱亮就以此为切入点展开了话题。

"孙经理，听说您是××大学毕业的，真是太巧了，我也是这所学校毕业的。按年份推算的话，我还得叫您一声学长呢！"钱亮说道。

孙斌也很惊讶："是吗，那咱们遇到可真是有缘。"

随后，钱亮并没有直接讲起两人要谈的合作，而是和对方回忆起了大学时候的往事，进行一番愉快的交流后，才将话题引到两人的合作上。对孙斌来说，除钱亮外，他还有两个备选的合作对象，但是因为和钱亮是校友的关系，在沟通的最后，他果断和钱亮达成了合作。

上述案例就体现了在沟通之前收集信息的重要性，只有做到知彼知己，才能更好地开展对话。通过收集信息，我们能找到和对方的共同之处，或者曾经有交集的信息，这些都可以为我们的沟通提供助力。

3.5 培养良好的口才，不断坚持

中国杰出的无产阶级革命家、教育家徐特立曾经说过："台阶是一层一层筑起的，目前的现实是未来理想的基础。只想将来，不从近处现实着手，就没有基础，就会流于幻想。"雄鹰锐利的目光射向太阳，在千万次飞翔中追逐太阳的光华；松柏挺直的树干对准苍穹，在默默生长中直插云霄。

沟通高手的养成之路既艰辛又漫长。为此，有些人总是把随时都能侃侃而谈的人视为遥不可及的存在。其实，一个真正想成为沟通高手的人在训练口才的过程中，每天都会有点滴的收获与成功。将这些收获与成功累加，就会发现自己早已是那个可以谈笑风生的人。

其实，想做好某些事情并不需要有惊天动地的本领，只需要坚持下去，就能让自己的生命之花绽放。

很多人都通过《超级演说家》这个节目认识了演说家崔万志，他的成功经历带给了人们太多的感动和激励。崔万志生来就和别人不一样——走路不稳、吐字不清，因为身体的缺陷，大学毕业的他投了上百份简历，依旧没有找到工作。

但崔万志并没有向命运低头，他凭着一颗不服输的心选择了创业，在几经波折中从负债400万元到盈利几千万元。后来，也是凭着对演说的热爱和坚持，崔万志登上了《超级演说家》的舞台。他不断挑战自己，即使面对别人的非议也没有选择放弃。在演讲的时候，他会忘记自己的缺陷，全身心地投入演讲，把自己的激情和感人的故事传递给大家。在长久的训练和坚持下，崔万志的口才得到不断提升，最终获得了2015年《超级演说家》的亚军。

对想提升口才的人来说，坚持是最重要的。根据前人的经验，每天都进行文章朗诵是一种简单有效的方法。这种方法对文章的类型和来源没有要求，只要没有严重的逻辑或语法错误就可以。通过朗诵文章，我们不仅可以了解并调整自己的表达节奏，而且可以积累许多实用的词句。

此外，对着镜子讲话和进行录音练习也是不错的方法。我们可以通过镜子了解自己在讲话时的目光和表情，可以通过录音练习了解自己的声调和语气。这些方法都能帮助我们认识到自己在表达方面的不足，有助于提高我们的整体协调性。

还有一种值得一提的训练方法——模仿。在模仿那些"名嘴"讲话的过程中，我们可以切身体会他们当时的感觉，从而丰富自己的表达技巧。通过借鉴他们的某些表达方式，我们可以快速弥补自己在这方面的不足。不过，要想达到"内外合一"的效果，必须保证表达的内容要发自内心，而不能一味地照搬照抄。

徐冰十分喜欢一位演讲"大咖"的讲话风格，这位"大咖"往往会先提出一个犀利的问题，再给出精妙的回答，引得听众纷纷叫好。在练习口才时，徐冰也十分喜欢模仿这位"大咖"的讲话风格，但是徐冰既提不出犀利的问题，也无法就问题给出多么精妙的回答，所以训练一直不见成效。在这种情况下，徐冰训练的重点就不能只模仿风格，还要打造内容。

当今社会，拥有较好的口才可以让自己"增值"许多。现在，很多工作都更适合口才好的人，培养良好口才的重要性也被越来越多的人认识到了。但是，有些人虽然找到了适合自己的方法，却没有坚持下来。他们因为没有在短时间内看到自己的口才有明显提升而放弃。

要知道，胖子不是一口吃出来的，而是无数个"一口"吃出来的，口才也一样。如果你有强烈的提升口才的愿望，就下定决心，制定目标，稳步实施。在一段时间之后，你就会养成习惯，"坚持的难度"也会降低很多。

3.6 案例：尊重孩子，给予孩子说话的权利

侯兰是一家公司的中层领导，有一次带着母亲和 5 岁的儿子小亮出去游玩。在游玩的过程中，小亮想吃苹果，侯兰便拿出两个苹果，让他分给外婆一个。小亮在接过苹果后，把每个苹果都咬了一口。顿时，侯兰的脸色变得非常难看。

侯兰刚想开口教训小亮，就被母亲拦下。随后，侯兰的母亲蹲下来，搂着小亮，温柔地问："小亮，你为什么把每个苹果都咬一口？"小亮扬起脸，认真地说："我想知道哪个苹果更甜，然后把更甜的那个给外婆吃。"听到这个回答，侯兰的母亲笑着说："我们的小亮真懂事。"

侯兰看着自己可爱的儿子，感到深深的内疚。自己不仅没有在意儿子的想法，还差点儿因为误解而教训儿子，幸好母亲让小亮说出了真实的想法，避免了自己对儿子的误解进一步加深。

如今，孩子与家长之间有矛盾的情况并不少见。即使如此，还是有许多家长与孩子相处得十分融洽，彼此之间可以畅所欲言。无法融洽相处的原因难道只在孩子身上吗？当然不是。我们都知道，家长的沟通方式和处理问题的态度也非常重要。

一般来说，孩子的想法是不如家长全面的。例如，有些孩子为了发展自己的音乐才能，就彻底放弃学业；有些孩子对某些科目特别投入，就彻底放弃其他科目。几乎所有的家长都不会听任自己的孩子做出错误的决定。但是有的家长能够说服孩子，而有的家长则无法说服孩子。

其中的主要差别就在于家长是否给予孩子说话的权利。 对不具备说话权利的孩子来说，家长是不尊重自己的，而且家长在不听自己说话的情况下就认为自己是错误的。这样会激发孩子的逆反心理，使问题变得越来越严重。具备说话权利的孩子则会在与家长的沟通中，渐渐明白自己的想法是有所欠缺的，了解到自己的想法不够理性，过于理想化。当孩子明白这一点以后，他们就会虚心接受家长的意见和建议。

家长在与自己的孩子沟通时，需要给予他们说话的权利。**在一般的人际交往中，我们同样需要保证对方说话的权利。** 这不仅是对对方的尊重，也是了解对方、让对方信服的重要方法。就算对方的观点无任何可取之处，而对方自己也不明白这一点，但是我们为了更有效地说服对方，也需要对对方的观点进行更透彻的理解，并让对方充分表达自己的想法，这是一种修养。

倘若对方错了，我们可以耐心说服；倘若我们自己错了，则应虚心接受对方的观点。可以做到这一点的人，在沟通中绝不会因为观点冲突而与对方产生情感上的裂痕，甚至会因为观点的自由分享与修正而使彼此的情谊更加深厚。

第4章
言之有理：
让对方心服口服的奥秘

在人际交往中，如果与他人发生了矛盾和冲突，而且主动权在我们手里，那么我们可以想办法让对方心服口服。例如，用一些调侃性的语言活跃气氛，将对方代入我们的思想中，使僵持不下的局势得以缓解。此外，也可以淡化敏感词或提高"投机指数"，以打动对方，获取对方的信任。

4.1 沟通的目的是化解矛盾，而非压制别人

在沟通时，追求言语上的胜利通常是有害无益的，因为沟通的目的是化解矛盾，而非压制别人。如果我们一味地在言语上压制对方，那么对方一定会不高兴，甚至可能说出破坏关系的话。过分追求言语上的胜利，可能让对方恼羞成怒，出口伤人。有时，即使对方克制住了发火的冲动，心里也会非常不舒服，进而会影响彼此之间的关系。

在言语上退一步，可以使对方的感觉更好。沟通不是辩论赛，不必非要争出高下。例如，在人际交往中，彼此关注的重点是情感，而不是辩才和思想。如果我们不喜欢一个人，那么即使他的辩才和思想都高人一等，我们可能也不会买账。

郑阳是名牌大学的学生，毕业之后进入了一家非常有名的公司。与他同时进入公司的人有很多。每当闲暇时候，大家就会坐在一起聊天。郑阳从小到大都被贴上"聪明、勤奋、博学"的标签，在和同龄人的交流中，他常常是最有说服力的那一个。但是在工作之后，他发现同事们渐渐远离自己，不爱和自己聊天。

于是，他和大学同学周浩说起了这件事。周浩说："以

前,你特别喜欢在言语上胜人,以此来显示自己的聪明和博学。你的同学虽然不会因此远离你,但是心里肯定会不舒服。工作之后,谁都不希望身边的同事处处比自己强。而且,即使你真的比同事强,也没有必要通过言语表达出来,否则只会破坏你们之间的关系。"

郑阳明白了周浩的意思,他开始反思,决定改变自己。渐渐地,同事们不但不再排斥郑阳,而且乐于称赞他的优点。久而久之,他的心情变好了,工作效率也提高了,甚至成为领导的首选提拔对象。

无论是在工作中还是在生活中,喜欢在言语上胜人的人都很难有好的人际关系。和他们在一起时,总会让人觉得自己是陪衬。此外,如果与他们争辩,则还可能让沟通陷入尴尬的境地。

即使与关系亲密的人沟通,我们也需要给予对方尊重和耐心,并且注意说话的方式。如果一味地在沟通中压制别人,那么再好的关系也会被破坏。

辛宇佳和董斌是多年的同学,两人的关系非常好。由于工作也在同一个城市,所以两人经常聚在一起。有一次,两人边吃饭边聊天,中途偶然提到某位明星出轨的事情。当时,网上对这件事议论纷纷,网友的评论也是五花八门。

因为彼此的观点有分歧,所以两人就争论起来了。辛宇佳认为,虽然出轨不对,但是网友骂得太狠了,这是严重的道德绑架;董斌则认为,这位明星不只是出轨,他平时的行为也不好,而且既然出名了,就要接受批评,谁让他做了不好的事情。

最后两人闹得不欢而散。他们的妻子知道了这件事以后,都认为他们太孩子气了,竟为了一位与自己的生活毫不相干的明星争论到翻脸的地步。后来,在双方妻子的劝说下,两人才握手言和。

钻牛角尖会让我们离成功更远,执着于言语上的输赢会让我们的人际关系更糟。"不辩"是一种智慧,不仅能够维护当下的氛围,还能够满足对方的情感需求。如果对方喜欢在言语上胜人,那么我们就把胜利让给他;即使对方的态度十分恶劣,我们也不要直接反驳,等他过了"情绪膨胀期"再委婉地表达我们的想法。

"不辩"可以让我们的精神更强大、心胸更宽阔。把言语上的胜利让给对方,对我们来说并没有什么损失,却会使我们收获对方的好感。即使我们在某个问题上确实比对方理解得透彻,也可以选择当下不与对方争论,而默认对方的看法更好。等到对方真正面对这类问题、需要解决这类问题时,我们可以给对方提供更好的建议和帮助。这样对方不仅会感谢我们，还会更尊重我们。

总之，在与人沟通的过程中，要时刻谨记沟通的目的是化解矛盾，获得更好的沟通效果，而不是取得言语上的胜利。只有这样，才能避免在沟通中压制别人，学会谦让。

4.2 多使用调侃性的语言，化解矛盾

无论在什么形式的沟通中，双方都有可能产生矛盾。当矛盾已经摆在面前时，我们必须想办法化解，以免让双方的关系恶化。大部分矛盾是不涉及原则的，只是个人情绪方面的问题。在处理这样的矛盾时，我们可以多使用调侃性的语言。

使用调侃性的语言通常是活跃气氛的好方法。高明的沟通者会把调侃性的语言运用得十分到位，以化解矛盾，达到事半功倍的效果，同时可以打破僵持的局面。在沟通时，使用调侃性的语言可以消除对方的紧张和不安情绪，提高对方的心理舒适度，降低对方的精神压力。

沟通高手都知道调侃性语言的重要性。其实，大多数的摩擦、误会、尴尬、僵局、矛盾及冲突都可以用调侃性的语

言解决。沟通高手善于使用调侃性的语言化解和他人的矛盾，也善于解决自己在沟通中出现的问题。

莫广盈是一家百货商场的售货员。有一天，一位女士抱怨这家百货商场过于吵闹、拥挤。她对莫广盈说："哎呀，我今天做出的最明智的决定就是没有打算在你们这里找'礼貌'，我现在非常确信，在你们这里根本找不到'礼貌'。"

莫广盈浅浅一笑，说："姐姐，您介不介意让我看一下您的'样品'呀？"

这位女士被莫广盈的话逗笑了，用欣赏的眼神看着她，说："小美女，我似乎找到了比'礼貌'更好的东西。"

莫广盈的调侃之言让对方的负面情绪转化为正面情绪，不仅化解了矛盾，还获得了对方的欣赏和赞美。

社会在高速发展，人们的生活节奏不断加快，人与人打交道的频率越来越高。在这种情况下，人们可能会因为各种各样的小矛盾而产生负面情绪。不善于处理小矛盾的人，负面情绪会越来越严重。渐渐地，他们的心理感受会越来越糟、烦躁、郁闷等情绪也会接连出现。

在沟通的过程中使用调侃性的语言，不仅可以营造轻松愉快的氛围，展现从容豁达的态度，还可以在解决问题的同时，提高他人对自己的评价。在生活中，很多矛盾看起来非常难化解，僵局也似乎很难打破，但是事实并非如此。只要我们善于使用调侃性的语言，矛盾就会消失得无影无踪。

当我们面对矛盾时，如果也像对方一样较真儿、固执，那么必定会导致双输的局面。由琐事引起的争吵是很难分清对错的，如果谁都说服不了对方，就只会让问题越来越严重。恰到好处的调侃性语言可以消除抱怨、化解矛盾、打破僵局，使双方的关系由下降趋势转为上升趋势。此外，调侃性的语言也可以让负面情绪一扫而空，使理性思维快速回归。对沟通高手来说，准确使用调侃性的语言是一项必须具备的技能。

4.3 掌握打圆场的语言艺术

在人际交往中，人们会因为理解偏差或表达失误，而说出一些令对方难以接受的话，导致局面尴尬和难堪。这时，如果没有第三人来打圆场，那么气氛可能越来越僵，甚至造成双方争论不休，最终关系破裂的结果。

打圆场是人际交往中的一种必要行为，也是沟通高手必须具备的一项技能。当尴尬和难堪的局面出现时，有些人可能因为情绪不稳定，而在一些问题上与对方互不相让，争论不休。面对这种情况，我们在打圆场时可以想办法转移话题，分散双方的注意力。

在沟通时，如果双方因为某个敏感的话题而变得对立，甚至影响接下来的正常交谈，那么我们可以想办法让他们的话题中断一下。例如，我们可以用一些轻松、愉快的话题来活跃气氛，缓和他们的"高涨情绪"，分散他们的注意力；也可以通过幽默的语言淡化敏感的话题，使原来剑拔弩张的气氛重新活跃起来，从而舒缓他们紧绷的神经，缓和尴尬的局面。

封东旭和王磊是同一个部门的策划人员。有一次，两人为一个问题争论不休，另一位策划人员韩成认为两人的争论并没有多大的实际意义，双方只是因为好胜心而陷入其中。于是，他凑到两人中间，笑着说："哎呀，要把这个问题彻底搞明白，比让赵经理不加班还难。"

因为赵经理是公司公认的"加班狂魔"，所以封东旭和王磊一听韩成的话，都忍不住笑了出来。封东旭说："我们讨论得太远了，已经没有多大意义了。"王磊笑道："是啊，要想讨论出一个结果，真是比让赵经理不加班还难。"

当双方坚持己见、争论不休，甚至达到失去理智的程度时，往往已经不是看法和观点差异的问题了，而是好胜心和较劲情绪使双方陷入其中。

有些人由于在特定的场合做出了不合时宜的事情,使局面变得尴尬和难堪。在这种情况下,最适宜的打圆场方法,就是想方设法做合情合理的解释,证明对方的异常举动其实是正常的、适当的。这样就可以消除双方的矛盾,阻止局面进一步恶化,使正常的人际关系免受影响。

张妍是某公司为了做宣传特意聘请的模特。有一次,她与领导参加业内活动。在活动现场,一位经理目不转睛地盯着她看。在看到这样的情况以后,张妍的领导用责备的口气对这位经理说:"你总盯着别人看干什么啊?"

这位经理面露尴尬,结果张妍却笑着说:"您看吧,我是模特,不怕人看。"在场的人都笑了,气氛也缓和了过来。

张妍以"自己是模特"为由,给这件事做了合情合理的解释,让对方摆脱困境,使整个局面得以缓和,确保活动得以正常进行。

打圆场可以让聊天的氛围更融洽、舒服。人们有时会在无意中令对方尴尬,从而引起不必要的纠纷和矛盾,使局面恶化。在打圆场时,我们应该从善意的角度出发,用合适的语言缓和紧张的气氛,调节人际关系。

齐欣、宋甜甜、陈芳是同一个部门的员工,三人约好周日上午 10 点去某商场购物。当天 10 点整，齐欣和宋甜甜准时到达，却没有看到陈芳的身影。她们在商场门口等了 10 分钟也没有看到陈芳，给陈芳打电话也没人接。继续等了 10 分钟之后，陈芳还是没到，无奈之下她们只好先进了商场。

没想到的是，她们竟然在商场里遇见了陈芳。急性子的齐欣生气地说："我们在外面等了你 20 分钟，给你打电话也不接，原来你已经在里面逛起来了。"陈芳也有点生气，说："我提前 10 分钟就到了，外面那么冷，我就在里面等你们。"

看到局面马上就要恶化，宋甜甜急忙说："这就是一个误会，谁都不想耽误时间。"接着她又对陈芳说："齐欣穿得单薄，今天还这么冷，我们在外面等了你那么久，有点郁闷，发发牢骚也是情有可原的。"然后她转过头对齐欣说："陈芳提前 10 分钟到，不就是怕耽误大家的时间吗？这次误会的产生主要是因为咱们没把见面地点说清楚，下次说清楚就行了。"

听到宋甜甜的话，齐欣和陈芳相视而笑，无言地表示这次的争吵确实没有必要。

宋甜甜在为齐欣和陈芳的争执打圆场时，客观地强调了两人行为的合理性，提醒她们应该理性看待问题，互相谅解，有效缓和了她们的"高涨情绪"。

在一些特定的场合，双方都对对方的行为有意见，进而争论不休。其实，在这种情况下很难判断谁对谁错。首先，我们应该理解双方的心理和情绪，客观地对双方的优势和价值进行分析，并予以肯定，只有这样才能缓和双方的对立情绪。然后，我们可以提出双方都愿意接受的建设性意见，让此次的矛盾彻底消除。

在生活节奏快、工作压力大的时代，人与人之间更容易发生不必要的争执。因此，打圆场是人际交往中的一种重要行为，是我们必须掌握的一种语言艺术。

4.4　使用幽默的语言解决问题

在与人沟通时，即使我们占据了上风，也不能用一些尖酸、刻薄的语言攻击对方，否则会破坏整体的沟通氛围和沟通效果。讲话温和有礼、诙谐幽默，让对方明白自己的意思，同时避免对人造成伤害，是沟通高手的必备技能。

王德高和廖忠是同一个领域的专家，在某个尖端问题上，两人的观点不同，而且谁也说服不了对方。有一次，王德高在一个公园里散步，当他走上一座只有一人宽的湖中桥时，正好看到廖忠朝着自己的方向走来。廖忠故作凶悍，大声地说：

"我不喜欢给假专家让路。"王德高笑了笑,说:"我却正好相反。"然后,王德高退回桥头,面带微笑地看着廖忠。

廖忠语塞,但桥是坚决不能过了,否则自己就变成假专家了。无奈之下,他只能退回去,换了条路去散步。结果,王德高开心地过了桥。后来,廖忠并没有听别人说起过这件事,王德高也没有向别人炫耀过这次"胜利"。

廖忠找机会联系了王德高,借学术之事聊了一会儿,然后询问那次过桥的事。王德高笑着说:"我们虽然不是祖国的花朵,但是也算高端人才,何必在意这种小事呢?"说完,两人都哈哈大笑起来。经过深入沟通,两人的矛盾彻底消除,对对方也采取了宽容的态度。

很多时候,为了让对方明白他的错误,我们需要通过语言来表达自己的想法或真实的情况。如果我们过于生硬地批评和指责对方,则对方很可能在情感上难以接受,最终使双方形成对立的局面。而如果我们换一种幽默的方式表达,让言语听起来不那么刺耳,使对方在情感上能够接受,就可以较为完美地解决问题,甚至可以赢得对方更大的尊重。

周末,高婷和几位朋友一起去温泉酒店玩。晚上在餐厅用餐时,她们发现服务员端来的龙虾只有一只螯。高婷便让服务员把经理找来。

经理面带歉意地说："龙虾是比较暴力的物种，这只龙虾可能被同类打败了，所以丢了一只螯。发生这样的事情，我们真的很抱歉。"

高婷笑了笑，说："我很同情这只龙虾的不幸遭遇，但是请让我们吃那只胜利的龙虾。"

经理也笑了起来，说："我马上就让厨师重新做，请您稍等。"

高婷和经理都擅长用幽默的方式沟通，在厨师出现失误时，他们平和而风趣地处理了这个小意外。可见，当我们需要指出对方的错误时，如果采用幽默的方式，会让整个过程处在轻松愉快的氛围里，不会发生被批评者反应激烈、拒绝合作的情况。

习敏军和宋悦结婚才一年多，就有了矛盾。产生矛盾的原因是，宋悦特别喜欢唱歌，但是唱得非常难听。一个周日的下午，宋悦又开始唱歌，而习敏军则在阳台站着。

宋悦好奇地问："你在阳台站着干什么？"

习敏军说："我害怕别人以为我在实施家暴。"

宋悦听后哭笑不得。习敏军巧妙地表达了自己的不满，既让宋悦明白自己唱得多难听，又不会让她过于伤心和愤怒。

当我们要说出一些可能令对方不快的话时，可以换一种方式来表达。这个故事中的丈夫故意做出令妻子不解的行为，让妻子主动询问自己，然后给出一个精妙的回答，这也是一种非常不错的做法。

有时，多用一些诙谐幽默的话，不仅可以达到沟通的目的，还可以让对方更深切地明白我们的意思，使对方缓和情绪、改善心情。每个人都有失误的时候，当他人对我们提出批评时，如果对方的心情很糟，那么我们可以用幽默的方式让对方改善心情。这样既表明自己接受了批评，也可以让对方对我们的评价有所改善。

周尚是一家餐馆的老板。有一次，一位顾客刚刚开始用餐就惊呼起来："老板，快过来！"

周尚走到桌边，看到那位顾客指着桌上的一碗汤，冷冷地说："老板，我发现有个怪东西在我的汤里，请问它在干什么呢？"

周尚弯下身子，发现那碗汤里有一只正在挣扎的苍蝇。他盯着苍蝇，说："先生，它正在练习仰泳。"

周围的顾客都哈哈大笑起来，这碗汤的主人更是笑得前仰后合。周尚微笑着说："先生，我让厨师再给您做一碗。"那位顾客笑着点了点头。

周尚用幽默的方式使对方的不快一扫而空，也逗笑了多位顾客。在这种情况下，顾客大概率不会继续在卫生问题上纠结。如果周尚用一般的方式道歉，那么即使顾客不再追究，心里也会有一些不爽，更谈不上改善心情了。

有的人说话令人厌烦，有的人说话招人喜欢。有些话即使是一样的意思，不同的人说出来的效果也可能截然相反。在发生矛盾时，说话的方式显得尤为重要。与生硬冰冷的语言相比，人们更喜欢幽默风趣的语言。甚至有时，即使前者更有道理，大家还是会支持后者，这是情感在发挥作用。善于得到他人的好感比善于讲通道理更重要，因为任何人都脱离不了情感，每个人都不可避免地被情感影响着。

4.5 "好"放在前，"不好"放在后

在工作和生活中，我们经常会遇到"需要指出对方的错误或不足之处"的情况，有时是为了让工作更有效率，有时是为了对方考虑。即使我们纯粹是为了帮助对方，但如果直截了当地指出对方的做法是错误的，需要改正，也可能会引起对方的厌恶和不满。要知道，大多数人都不喜欢被批评和指责。

如果在否定对方的做法之前，给予对方一定程度的肯

定,或者适当地给予对方一些赞扬,即先营造一个和谐的氛围,再指出对方的不足之处,这样会更容易让对方接受。

孙冬梅是某设计公司的员工,王玉英是她所在部门的经理。一天下午,王玉英叫孙冬梅来经理办公室一趟。孙冬梅不知何事,心里非常忐忑。进入经理办公室后,孙冬梅看到王玉英微笑地看着自己,便放松了很多。

待孙冬梅坐好,王玉英笑着问:"最近工作怎么样?累不累?"

孙冬梅回答:"不累,王经理。就是感觉对自己的工作不太有把握。"

王玉英笑着说:"你的思维很灵活,不会被一个问题困扰很久。你的方案也很有逻辑性,让人很容易就能看懂。"

听到夸奖,孙冬梅的心里非常高兴,但是没有接话。

王玉英继续说:"看你没有开心地笑出来,是不是知道自己有什么不足?"

孙冬梅羞涩地笑了,说:"我一定有做得不好的地方,您直接和我说就可以。"

王玉英笑了笑,说:"你虽然很聪明,但是工作不够细心,有一些小问题完全是因为马虎大意造成的。"

孙冬梅抿着嘴,点了点头。

王玉英说:"冬梅,我对你抱有很大的期望,只要你再细心些,你的前途不可限量。"

孙冬梅回答:"王经理,我会加油干的。"

走出经理办公室后,孙冬梅认真思考了王玉英的话,正视了自己的优点和缺点。在之后的工作中,她逐渐改掉了粗心的毛病。

我们在给对方提意见时,要先表现出对他的认可。 无论是上下级关系还是一般同事关系,当我们准备指出对方的不足之处时,都应先对对方的可取之处给予赞扬。例如,对方的思路和方向是好的,但是执行方法不好;对方的立场是好的,但是观点不好;对方的态度是可取的,但是原则有问题。

很多时候,我们为了与同事配合得更好、让工作效率更高,需要和对方交换意见。此时,虽然双方的意见各有利弊,但是如果提意见的方式恰当,则双方完全可以理性地分析和判断,达成一致意见。

刘超和岳刚分别是一家装饰公司的部门经理及总经理。最近,公司接了一个大项目,岳刚组织相关部门的经理和主管开会,刘超也在其中。在会上,每个人都要向大家说明自己负责部分的计划,并且可以提出自己不太了解的任何问题。

刘超发言以后,很多人都陷入深思。而岳刚有自己的判断,他认为刘超的计划忽视了公司现有资源的情况,可行性不高。但是岳刚并没有直说,而是微笑着看着众人,说:"如果大家都没有问题,我就先说一句。"众人停止思考,抬起头看向岳刚。

岳刚说:"刘超的计划很有创新性,是我从未想到的方向,而且很有深度,把很多可能性都考虑进去了,我要给他点个赞。"岳刚笑着对刘超竖起了大拇指,刘超微笑致意。

岳刚接着说:"不过,我们公司现阶段资源有限。我们的机器暂时不能更换,有的需求还无法满足。而且,我们可以动用的资金已经进一步压缩,这个项目需要的资金数额目前还满足不了,所以这个项目暂时无法实施。等到我们公司有了更丰富的资源,我会认真考虑刘超的这个极具创新性的计划。"

岳刚说完给了刘超一个肯定的眼神。刘超回以微笑,表示自己确实欠考虑了。

我们在指出别人需要改进的地方时,如果先肯定对方值得称赞的地方,那么对方会更容易接受我们的意见。先称赞对方可以让对方更舒服,也可以使谈话的氛围更和谐。

我们对他人提出意见,希望他人心甘情愿地做出调整和改变,这当然无可厚非。但是我们首先要考虑到对方的自尊心，要让对方明白我们是尊重他的，是真心为他的利益考虑的，这样我们的意见或建议就不会让对方产生消极情绪。总之，行为是可以指责的，人格是必须尊重的。欲贬先扬，比直截了当更容易接受。

4.6 提高"投机指数"，打动人心

几乎每个人都遇到过与对方话不投机的情况，甚至有些相识多年的朋友也没有深入交谈过，而有的人在与对方初次见面时就相谈甚欢。造成这种差异的关键就在于双方投机与否。俗话说，"酒逢知己千杯少，话不投机半句多"，相信很多人都有过这种感慨。

我们都希望可以与他人聊得更投机。为了提高"投机指数"，我们要保持对他人的尊重。从逻辑的角度来说，语言的作用是把自己所想的东西传达给其他人。"所想的东西"包括态度、情感、观点等。

很多时候，我们不记得在某次沟通中与对方具体说了什么，但是我们可能记得那次沟通给我们的感觉。例如，结婚多年的夫妻可能不记得与对方初次见面时具体聊了什么，但是通常会牢牢记住对方给自己的感觉。

在沟通的过程中，我们给对方的感觉由很多因素组成，其中最重要的一个因素是自身的态度。如果双方互相尊重、坦诚相待，就可以越聊越深入、越聊越投机。如果有一方态度高傲、言语冷漠，那么最后一定会惨淡收场。

徐小龙是某商业银行的客户经理，自从父亲患上腰腿方面的疾病，他就经常带父亲去家附近的一家盲人按摩店做按摩。按摩师是一位姓陈的中年人，已经目盲20多年，平时很少与人打交道。因为他的按摩手法非常好，所以不仅附近小区的人喜欢找他做按摩，还经常有人从很远的地方开车过来找他做按摩。

无论是在工作中还是在生活中，徐小龙都待人友善、热情诚恳。他不像其他人那样称呼这位按摩师为"师傅"，而是叫他"陈叔"。他经常帮助陈师傅招待客人，如果不忙还会和陈师傅聊一些有趣的事情。

陈师傅越来越喜欢徐小龙，在徐小龙面前，陈师傅逐渐开启了"健谈模式"。当得知徐小龙是商业银行的客户经理时，陈师傅还主动询问他是否需要提高储蓄业绩。虽然徐小龙表示不必麻烦陈师傅，但陈师傅还是猜出了他有这方面的需要。于是，陈师傅主动把自己存在其他银行的40万元交给徐小龙打理。后来，陈师傅还把按摩店的顾客介绍给徐小龙，让他们成为徐小龙的新客户。

在人际交往中，保持对他人的尊重，可以使我们获得更多的友谊和信任。尤其是在面对弱势群体时，更要让对方感受到尊重与友好，这样也会赢得对方的尊重与友好。即使是看似普通的朋友，也有可能在我们需要帮助时贡献力量，帮助我们渡过难关。

此外，找到双方共同的话题也有利于提高"投机指数"。 如果两人没有任何共同的话题，那么他们的沟通只能停留在表层。在人际交往中，可以聊的话题有很多，只要两人能找到双方都关注的话题，那么即使双方在其他方面的差异很大，也可以聊得很投机。

蔡高杰和李师震是住在同一栋楼里的退休人员。两人平时来往不多，只停留在见面打个招呼的程度。

有一次，蔡高杰在附近的花市选购盆栽，看中了一家店里的两盆文竹，但是嫌价格太高，便与店主砍价。当双方争执不下时，李师震正好来到店里，因为他是这家店的老顾客，所以就做了一次中间人，让店主接受了蔡高杰提出的价格。

蔡高杰和李师震因此聊了起来，并在离店之后越聊越投机，而且双方了解到除了养花这个共同爱好，两人还都喜欢养鱼、钓鱼。此后,两人经常来往,成为亲密的"老伙伴"。双方找到共同的话题之后,就会进入越聊越投机的状态,彼此之间的距离也会越来越近。

如果我们能够营造一个合适的氛围,那么"投机指数"也会有所提高。同样的话在不同的氛围中,达到的效果也会不同。氛围会被人的情绪和态度影响,而人的情绪和态度也会被氛围影响。所以,若要聊得投机,营造一个合适的氛围是很关键的。

例如,当一位朋友因为失恋而闷闷不乐时,我们就不能再用平时的调侃性语言和他说话。想要帮助他走出失恋的阴影,就要用与他相似的心境和他沟通,在沟通的过程中逐步缓解他的不良情绪。在大多数沟通中,一个轻松、愉快的氛围是非常有意义的。

总之,为了与对方聊得更投机,我们会使用许多方法。其中,"尊重、诚恳的态度""共同的话题""合适的氛围"是三个十分重要的方面,应注意加以运用。

4.7　案例:让客户掏钱的聊天之道

韩冰是一家广告公司的业务员。有一次,在给客户贾女士单独讲解预选方案时，贾女士犹豫不决，迟迟不肯做出决定。正当韩冰苦思对策时，贾女士的手机突然响了。

贾女士说："不好意思，我接个电话。"

韩冰回道："没关系，您接就好。"

贾女士在接通电话后表现出一副有所期待的样子，然后渐渐笑了起来，开心地说："宝贝，你真是太厉害了，妈妈今天早点回家，给你做大餐。"

韩冰见此，笑着问道："贾女士，有什么好事呀？"

贾女士压抑着自己的兴奋之情，说："我女儿考上北大了。"

韩冰做出一副惊讶的样子，兴奋地说："您女儿真厉害，那是多少人梦寐以求的大学。我们高中每届有几百名学生，极少有能考上北大的。"

贾女士笑道："哈哈，有机会让我女儿和你认识一下。"

韩冰激动地说："那真是太好了，与您合作是我的荣幸。"

贾女士高兴地说："好了，刚刚的方案就由你来帮我选一个吧，我听得很迷糊。"

韩冰微笑着说："好的，我选的方案您肯定满意。"

就这样，两人顺利签了合同，在临走时，贾女士还邀请韩冰有空去家里玩。

一般来说，在沟通的过程中，双方都会透露出很多信息。如果我们可以准确地接收对方的信息，就能了解对方的心理状态。例如，几位老同学相约去游玩，其中一位女士伸展四肢，面朝蓝天，深情地说："天气真好。"这简单的一句话透露出很多信息：她生活的地方可能很少见到晴空万里的景象；她的工作压力可能很大，很难真正放松心情；她可能久坐办公室，身体和精神一直处于疲乏状态。这时，如果有人对她说："你平时一定很累，今天好好放松一下。"那她一定会觉得很感动、很开心。

周茜是某互联网公司的美工主管。在一个阳光明媚的上午，周茜收拾好东西就去逛街了。在商场的服装区里，周茜被一件黑色的连衣裙吸引住了，于是和售货员说："我喜欢这件连衣裙。"

售货员点了点头，说："您穿上这件连衣裙会更有'女王范儿'，我拿下来给您试一试。"

周茜说："我最近胖了不少，穿上肯定不好看了。"

售货员笑着说："您就算再胖一点儿，也只会显得身材更好。"说完，售货员把周茜往前拉了几步，指着连衣裙说："这件连衣裙就是为您这种有'女王范儿'的人准备的。您今天要是不买，以后肯定会后悔的。"

当天，周茜很开心地买下了连衣裙。

案例中的售货员知道周茜对自己的身材没有特别大的自信，便顺着她的话题增强了她的自信。这也是售货员能够说服周茜下单的重要原因。

在沟通时，只要我们足够细心，就可以发现对方透露出的重要信息，从而了解对方内心真正的需求。之后，我们只需要借对方的话题来"抬轿子"，对方就会非常开心。当然，即使我们看不出对方的深层需求，借对方的话题来"抬轿子"也会拉近彼此之间的距离。

第 5 章
辨别对方：
更多理解、更多共情

在沟通之前，我们必须知道自己面对的是什么人，即一定要按照自己的方式，对对方进行简单的分类。在了解了对方以后，我们就可以有针对性地说话，以展现更多理解、更多共情。例如，在面对傲慢、目中无人的人时，我们要多讲赞美的话；在面对好胜、自尊心强的人时，我们要尽量把"胜利"让给他。

总之，给予对方"更多理解、更多共情"是非常重要的技巧。只要掌握了这个技巧，我们和对方之间的关系就会变得更好，同时我们也可以在沟通方面取得更大的进步。

5.1 傲慢、目中无人：多讲赞美的话

没有人不喜欢被赞美。即使是傲慢、目中无人的人，在听到赞美的话以后，也会非常开心，甚至会主动收起自己的"锋芒"。因此，在面对傲慢、目中无人的人时，我们要多讲赞美的话，这样会让彼此之间的关系越来越融洽。

在用真诚的心发现对方的可赞之处以后，应该及时表达自己的赞美之情，这样对方通常会非常愿意接受。这是因为对方也认为自己无可挑剔，而且希望这个优点能够从别人的嘴里说出来，以便让自己的自豪感和优越感得到满足。

孙兆宇是一位理财产品销售员，有一次他和一位看上去非常有气质的女士交谈，并尝试推销公司的理财产品。当这位女士得知他是理财产品销售员时，脸色立刻就变了，大声说道："你们这些销售员的嘴上都抹了蜜，只会骗人买你们的产品。但我不吃那一套，你还是离我远一点儿吧。"

孙兆宇微笑着说："您说得没错，销售员都擅长说好话，经常把人说得晕晕忽忽。但像您这样的人我很少遇到，您特别有主见，不会受别人的影响。"

这位女士盯着孙兆宇，笑了一下，说："你不就是比一般的销售员更会奉承人吗？"

孙兆宇说:"我相信您能分辨出什么是虚假的奉承,什么是真实的赞美。"

女士回道:"你不用奉承我,我不会买你的产品。"

孙兆宇认真地说:"无论您买不买我的产品,我都要告诉您,我只会赞美,不会奉承。"听到这里,女士的脸绷不住了,一下子笑了出来。

接下来,这位女士问了许多与理财相关的问题,孙兆宇都给出了专业的解答。最后,孙兆宇真诚地说:"您独特的气质让我在看到您第一眼时就觉得您与众不同。通过此次交谈,我发现您比我想象中更有个性、更有魅力。"女士听后非常开心,不再与孙兆宇针锋相对。过后,这位女士从孙兆宇那里买了一款高额的理财产品。后来,这位女士还介绍自己的朋友给孙兆宇,间接为孙兆宇带来很多业务。

对傲慢、目中无人的人来说,如果别人的赞美不是发自内心的,那么很可能使他们心生厌烦。他们喜欢真诚的赞美。此外,如果我们可以在真诚的前提下,加上一些独特的赞美,那么他们会更开心,沟通也会更顺畅。

每个人都是独一无二的,与千篇一律的赞美相比,独特的赞美更容易被接受。独特的赞美始于独特的人,我们应该发现对方的独特之处,这是让赞美变得独特的关键。因此,在与傲慢、目中无人的人沟通时,我们应该根据他们说话的内容和方式找出他们值得赞美的地方,并以此为切入点对其进行赞美。

刘爽是一位保健品销售员,他经常到一家老年俱乐部推销保健品。有一次,有几位老人已经挑选了一些自己中意的保健品,但突然有一位老先生冲过来,大声说道:"这些保健品根本没用,你们买去干什么?"

刘爽转过身准备给这位老先生一个笑脸,结果这位老先生瞪着眼睛说:"我不买这些'垃圾',你不用给我推销。"

刘爽微笑着说:"您说得没错,您怎么会需要保健品呢?谁都看得出来您是身体强健的人,而且很有气场,说话也很有分量。我认为,您曾经的下属一定既害怕您又喜欢您。"

老先生"嘿"了一声,问道:"你怎么知道我当过领导?"

刘爽回答:"您的形象和说话的气势都不是一般人能具备的。我想,在您这样的领导手下工作,肯定是一件特别荣幸的事。"

接下来,老先生还是以领导的语气说话,刘爽则像对领导那样恭敬地赞美着对方。在沟通的过程中,刘爽了解到,老先生的朋友曾经热衷于服用保健品,结果身体状况反而更糟了。在那之后,他们都很排斥保健品。刘爽给老先生做了一番引导,讲解了各种保健品的功效。在两人聊了近20分钟以后,老先生改变了对保健品的看法,还为自己和朋友选购了一些。

很多时候,如果一个人的情感被真正地触动了,则很难再产生抗拒的想法。而要想迅速触动一个人的情感,最有效的方法就是给予其独特的赞美。发现对方的独特之处,发自内心地说出对方给我们的感觉,就可以让赞美变得独特。这种方法可以为我们带来更多的朋友。渴望得到赞美,是每个人,尤其是傲慢、目中无人的人的特性。无论是成功的人还是快乐的人,都善于赞美他人。他们知道,独特的赞美有让对方无法抗拒的力量。

5.2 好胜、自尊心强:尽量把"胜利"让给他

有些人在与他人谈话的过程中,特别在意自己是否比对方更有道理。如果对方比自己更有道理,就要想办法"挽回面子"。这类人有两个非常明显的特点:好胜、自尊心强。

在大部分沟通中,双方都不会刻意追求胜利,否则会对人际关系产生不好的影响。虽然追求胜利是人的一种精神需求,但是要想让双方聊得开心,就必须适当舍弃这种好胜之

心。如果有一方一定要分出高下,则很有可能让彼此之间的关系出现裂痕。

吴小棠是一位事业型的女强人,平时非常好胜,自尊心也比较强。我们都知道有一句话是"言必信,行必果",而她的同事则说她"言必胜,行必果"。这句话的意思是,吴小棠与人说话必须胜利,每项工作必须做好。在这句话中,后半句是赞扬她的工作能力突出;前半句则表示她在说话上一定要分出胜负,而且自己必须是胜利的一方。

久而久之,主动与吴小棠聊天的同事越来越少,因为大家越来越害怕和她说话。直到有一次,她和老公大吵了一架,两人都不肯让步,于是开始冷战。到了第四天,她收到老公的一封信。当她读完这封信时,忍不住哭了出来。

信的大致意思是:"你是我见过最要强的女人,却也是最需要被呵护的女人。你无时无刻不在提升自己,让自己更强。能力有高低,情感无高低,再强的人也需要情感沟通。你现在处处都要争胜,渐渐地,你就会成为情感上的弱者。你是我见过最弱的女人,以后请让我好好呵护你。"

那天,吴小棠与老公聊了很多,她决定改变自己"言必胜"的习惯。渐渐地,她获得了同事们"不仅强大,而且可爱"的评价,每天的心情也比以前好了,曾经和她对着干的下属也慢慢接受她了。吴小棠非常感谢老公点醒自己。

在面对好胜、自尊心强的人时，我们需要主动认输。很多时候，争论的事情本身及胜负并不是最重要的，最重要的是双方在这次沟通中的感受。高情商的人明白主动认输的好处，很多时候，主动认输比争论获胜能取得更好的效果。

5.3 自卑、缺乏信心：时刻表达"你很不错"

对他人的赞扬和鼓励，即使有些不实的成分，也会对其产生巨大的正面影响。尤其是对自卑、缺乏信心的人来说，赞扬和鼓励更是非常有价值的。

适当地给对方戴高帽可以让对方心情愉悦，增强对方的自信，促使对方发挥出巨大的潜能。在工作中，恰到好处地给不自信的同事戴高帽，不仅可以促使他增加干劲，还可以让彼此之间的关系更为融洽，从而更有利于团队合作。

李康是某公司的一位新员工，上进心很强，主管交代的工作都能按时完成。但主管只对他做过"挺好"的评价，而且他从某些同事的谈话中听到，主管交给自己的工作都是没有什么难度的。为此，本来就缺乏信心的李康变得更加郁郁寡欢。

有一次下班之前,主管找到李康,问:"下班以后一起吃顿饭,有时间吗?"

李康愣了一下,笑着说:"我有时间,主管,您今天不加班了?"

主管笑了笑,说:"你把我当成机器人了吗?"

李康摸了摸脑袋,不好意思地笑了。在吃晚饭时,两人聊了很多,心情都很愉快。在吃饭的过程中,主管请李康说一说"工作感言"。他想了想,决定开门见山:"主管,您觉得我的工作能力怎么样?是不是不太好?"

主管微笑着问:"你觉得你的工作做得如何呢?"

李康说:"我觉得我做得比较不错。"

主管缓缓摇头,说:"不是比较不错,是非常不错。"

李康有些疑惑,期待主管接下来的话。

主管接着说:"其实这段时间公司的任务很重,你能把工作做到这个程度已经非常好了。继续努力,我相信你之后的工作会越做越好,甚至有一天会超越我。"

得到主管的认可后,李康十分开心,之前沮丧的心情一扫而空。当时他就决定要加倍努力工作,让领导和同事对自己另眼相看。之后,李康在工作上越来越出色,得到大家的

第 5 章 辨别对方:更多理解、更多共情

一致好评。在入职满一年时,他顺利接任了主管的职位。

在人际交往中,很多人都被戴过高帽,也给别人戴过高帽。其实只要高帽戴得适当、有度,就会使听者开心、说者舒服。在这种情况下,谈话的氛围会更好,也更容易达成双赢的局面。

在自卑、缺乏信心的人中,有些容易接受高帽,有些不太容易接受高帽,甚至会义正词严地说自己讨厌戴高帽这种行为,而更喜欢接受批评。但即使这样,我们在批评对方时,也必须考虑方式。如果太直截了当,那么对方的心里也会不高兴,甚至可能影响接下来的谈话,进而影响两人的关系。

李彩是一位都市白领,她长得漂亮,身材也好,但不擅长衣着搭配。一次周末同事聚会,她和另一位同事卓金悦约好提前会合。当天,李彩穿了一件新买的束腰短上衣,但不确定自己穿这件衣服的效果如何,便问卓金悦:"你看我新买的这件衣服怎么样?"

卓金悦脱口而出:"这件衣服不适合你。"李彩顿时没了表情。卓金悦知道自己说错话了,便笑嘻嘻地说:"像你这种高挑、苗条的身材,如果穿宽松肥大、长至膝下的衣服,就会显得更有气质。一般的女人可驾驭不了那种衣服。"李

彩听后"哈哈哈"地笑出声来。

在沟通时,适当地戴高帽对双方来说都是有益无害的。但如果一味恭维,忽略对方的个性和具体情况,那么很可能达到反效果。比如,理智的人就不会受到那些无谓的负面影响。因此,很多时候,我们需要对合适的人送出一顶合适的高帽,这样才能达到更好的效果。

戴高帽的方式和频率是根据具体的人与事决定的,即使这种夸奖有不真实的成分,也必须让对方信服。在人际交往中,当遇到自卑、缺乏信心的人,或者自己无意间说错了话时,就可以适当地给对方戴高帽。只有理性看待戴高帽、恰到好处送高帽,沟通的效果才会更好。

5.4　强硬、执拗:多点笑容,避免对立

人的理性与感性并存,有的时候理性占主导地位,有的时候感性占主导地位。但无论什么时候,我们似乎都不讨厌"重礼入囊"的感觉。回想自己的人生经历,更让我们难忘的是什么呢?那些停留在我们心间的人是怎样的呢?

张伟超创办了一家做保温用品的公司,初期只有他自己负责销售工作。由于公司的规模很小,又专做高端保温用

品,所以销售的难度很大。有一次,张伟超去某超市销售产品,由于公司毫无知名度,产品价格还高,所以那位负责采购的超市经理根本没有仔细听他介绍产品,没过多久就下逐客令了。

从超市出来以后,张伟超在心里得出结论:这位经理很不好沟通,不仅强硬,还非常执拗。但他又接着分析:"他的怒气那么大一定是因为有烦心事,而一个容易愤怒的人一般也容易感动。如果不是我态度诚恳、面带微笑,说不定他直接就把我赶出来了。"

回到公司后,张伟超与一位同事说起这件事,那位同事认为遇到这种人还是放弃比较好,成功率太低。但他仍然觉得说服那位经理的成功率并不低。他的同事告诉他,如果还要去,就带点礼物。他说:"难道还要送点贵重物品?"同事回答:"如果送不值钱的东西,那么只会徒增笑话。"

在回家的路上,张伟超开始回想那段不到3分钟的拜访经历,希望可以找到说服那位经理的办法。"我最大的优势是真诚和热情,而这种人容易被真诚和热情打动。"他在脑海里循环播放与那位经理见面的情景,突然想起在那位经理的办公桌上放着一本关于钓鱼的杂志。于是,他默默地说:"如果他喜欢钓鱼,那么可以考虑送他一个……"

第二天,张伟超又去拜访那位经理。他一进入办公室,就看见那位经理的脸上似乎写着:"我这次会让你死心,你再也别来烦我了。"当他面带微笑、送上自制的钓鱼浮漂时,那位经理似乎没有之前那么愤怒了。后来,他们聊了两个多小时,成了非常好的朋友。

如果张伟超听了同事的话送贵重物品,那位经理恐怕不会跟他聊那么久,他们也不会成为真正的朋友。可见,无论我们面对的人有多强硬,当我们笑着送对方一件小礼物时,真实的情感交流就开始了。要知道,"真诚+笑容"是一种不可替代的力量,而每个人都具有这种力量。

张国良对一次在飞机上的经历记忆深刻。当时,他感冒三天了,但为了一个紧急的项目不得不乘飞机去客户所在的城市。在飞机起飞之前,他突然想起自己该吃药了,就请空姐倒一杯水。空姐微笑着说:"为了安全考虑,请您稍等一下,等飞机进入平稳状态后,我马上把水给您送过来,好吗?"他答应了空姐的安排。

然而,在飞机已经飞行平衡以后,那位空姐还是没有送水过来。张国良有些生气地按响了服务铃。那位空姐送水过来时面带歉意,微笑着说:"先生,十分抱歉,由于我的疏忽,延误了您的吃药时间。"由于张国良当时的身体和工作都处于"不舒服"的状态,又遇到了这种事情,心情十分糟糕,便语气恶劣地责骂了几句。但那位空姐没有流露出一丝负面情绪,始终微笑面对,并且脸上的歉意和语言中的诚恳绝不是假装的。

在接下来的时间里,那位空姐每次从张国良的身边路过,脸上都带着歉意和微笑,似乎在说:"先生,对不起,如果您有什么需要请尽管叫我,我一定用最细致的服务来表达我的歉意。"

起初,张国良并不在意,甚至对此不屑一顾。但次数多了,他被深深地感动了,于是在飞机降落之前,他让那位空姐把留言本送过来。那位空姐以为他要写投诉信,在交出留言本的同时,脸上还是带着歉意和微笑,说:"先生,真的对不起,无论您提出什么意见,我都虚心接受。"

没想到的是,张国良写的是表扬信,因为他被那位空姐的真诚和微笑打动了。他还和自己的朋友说,那是一次值得回味的经历。

实际上,没有什么表情能与微笑相媲美。给人以微笑是一种威力极大的行为,也是一种很容易养成的习惯。

即使是"心如钢铁"的人,在看到真诚的微笑以后,也会变得"内心柔软"起来。微笑是最原始、最简单、最有力量的表达方式。在人类的各种生活体验中，微笑都具有不可替代的作用。当我们向对方展现微笑时，就是在释放一股非常强大的力量。

5.5　以自我为中心：尽可能满足他的欲望

在人际交往中，有些人总是以自我为中心，经常讲自己的得意之事，其实这种行为很可能令听者反感。在遇到这类人时，不要表现出自己的不满情绪，而要满足对方的表现欲。至于满足的程度，则需要视具体情况而定。

如果我们想提升自己在对方心中的好感度，就应该把"得意"让给对方。 即使必须表现自己，也要保持谦逊之心，避免过分炫耀自己。当对方对自己所谈之事沾沾自喜时，我们要给对方精神上的支持，照顾对方的感受，否则会对彼此之间的关系产生负面影响。

在沟通的过程中，保持良好状态的关键在于互动。具体来说，既不可无条件地满足对方的心理需求，也不能不考虑对方的感受。只有双方都感觉到和谐、愉快，才是最理想的沟通状态。

高明的人会时刻关注对方的感受，让自己处于一个相对

合适的位置。当求人帮忙时，我们应该让自己放低姿态；当对方说得沾沾自喜时，我们应该表示认可和赞美；当双方的沟通带有谈判性质时，我们应该让双方保持一个平等的姿态，既不能纵容对方的骄狂，也不能让自己得意忘形。总之，为了获得对方的好感，应该保持谦逊和理智，并且在不违背原则的前提下，满足对方的心理需求。

徐尚和卢小宇是多年的好朋友。有一天，卢小宇邀请徐尚去郊外露天烧烤，同时邀请的还有自己的两位新同事。当四人到达目的地，热火朝天地准备开工时，这两位新同事的话开始多了起来。徐尚发现，卢小宇的两位新同事都很爱讲话，而且经常提及自己的得意之事。

徐尚看向卢小宇，发现他也在笑着看自己，似乎在说："很久没遇到这么'朝气蓬勃'的人了吧？"徐尚心里暗笑，嘴上附和着两位新同事的炫耀之词。他虽然不太喜欢这类人，但也明白这是正常现象，尤其对年轻人来说更是十分多见。所以，徐尚不只是表面附和，也会提一些"走心"的问题，既不会让对方难堪，又可以表现出对他们的关注，使他们更为惬意、舒爽。

徐尚明白，面对两位喜欢炫耀的年轻人，无论是直接表达自己的不满情绪，还是在心中排斥他们，虚假地哄骗他们,都不会获得他们的好感,还可能让他们对自己产生抵触情绪,进而影响卢小宇的人际关系。徐尚这样做既满足了对方的表现欲,也保持了自己的理性状态,最终得到了他们的认可和尊重,使彼此建立了牢固的友谊。

很多时候,为了建立良好的人际关系,我们需要照顾他人的感受。只要不涉及原则问题,我们就没有必要为一时的情绪而影响自己的人际关系。每个人都希望获得他人的良好评价,都希望让他人看到自己优秀的一面。所以,要想成为沟通高手,对于他人在一定程度上的自满和炫耀行为,我们应该理解、认可。

其实,人们都渴望被关注、被认可、被赞美。与此同时,他们会自觉或不自觉地表现出自我满足的行为,即对别人讲自己的得意之事。在讲自己的得意之事时,他们也许会加入一些夸张的成分,或者在神态上有些浮夸,这些都是可以理解的。

所以,即使对方的表现让我们有些反感,我们也要把这种反感转化为好感传达给对方,这样才能拥有良好的人际关系。而且,高明的沟通者懂得视情况调整自己的状态。例如,在一群"吹牛达人"面前,如果不跟着"吹"几句,似乎就有瞧不起他们、要与他们划清界限的意思。如果我们不想真的与他们划清界限,就应该把自己调整为"吹牛状态",让自己融入其中。不过通常来说,我们应该对自己的言语有所克制,始终保持谦逊和理智。

5.6 案例:如何对待"刀子嘴,豆腐心"的人

有些人虽然说话刺耳,但从行为上看,却是一个心肠柔软的人,这就是我们通常所说的"刀子嘴,豆腐心"。这些人常常好心办坏事,因为他们嘴里吐出的"刀子"很可能让对方受伤。一般来说,只有不怕这种"刀子"的人才可以与他们做朋友。

高情商的人就不怕这种"刀子"。相同的话从不同的人嘴里说出来,所代表的意思是不同的。高情商的人懂得分析语言背后的意思,明白说话者心中真正的想法。所以,我们应该理性对待"刀子嘴,豆腐心"的人,从更高的角度听对方说话,这样才可以更好地理解对方、认同对方。在对方感受到我们的理解和认同后,也会发自内心地尊重我们、感谢我们。

不过有些时候,一个人由于情绪方面的原因,可能会说出一些"非本意"的话。高情商的人能够综合考虑对方的心

理状态并据此分析对方的话,让自己避免被对方难听的语言所伤害。任何一个正常的人,都不会无缘无故与他人争吵,视他人为敌人。因此,在遇到这种情况时,我们应该保持冷静,对对方表示理解和尊重,这样才能让对方明白自己说了不合适的话,从而找回融洽、和谐的气氛。

郭欢是一家公司的部门主管,一天下午,她正在埋头处理领导撤回来的订单。就在这时,同部门的岳梦涵碰倒了她刚冲的咖啡。

"哎呀,郭欢,对不起,我太不小心了……赶紧擦擦。"岳梦涵慌忙地拿出纸巾擦拭桌面。

"你……真烦人!"郭欢冲岳梦涵大喊。

岳梦涵被她的态度激怒了:"我又不是故意碰倒的,你至于发这么大的脾气吗?"

看到对方的态度如此差,郭欢的火更大了:"本来就是你的错,我说你一句都不行啊?"

岳梦涵不甘示弱地调侃道:"你今天这是怎么了?不会是钱包被人偷了吧?哈哈哈……"

其他同事见岳梦涵说的话有些不合适,怕郭欢失去理智,导致更严重的后果,便纷纷过来劝解。

不料,郭欢并没有生气。她静静地看着岳梦涵,说:"梦涵，你不是真的想说这种话吧？"

岳梦涵愣了一下，眨眨眼，不知道应该说什么。

"我们今天说的话都有点过分，但平时大家不是这样的……梦涵，我口出恶言在先，对不起。"郭欢真诚地道歉。

岳梦涵羞涩地笑了，说："郭欢，我说得实在太过分了，谁要跟我说这种话，我肯定受不了……谢谢你不跟我一般见识。"

郭欢率先表示对岳梦涵的理解，认为说出那种话并不是她的本意，这种做法让岳梦涵对郭欢的看法产生了极大的转变。不一会儿，两人重归于好，而且关系比之前更亲近。

由于情绪方面的原因说出不恰当的话，这是经常出现的情况。聪明人会表示对这种行为的理解，进而提升对方的被认同感和被尊重感，最终使彼此之间的关系由劣转优。

还有些时候，一方说的话不如另一方有道理，结果后者就不客气地说前者是错的，使前者的尊严受损。对待后者，我们应该用宽容的心接纳对方的意见，可以暗示对方双方地位平等，即使自己真的错了，对方也不应该说出伤人的话。从情感上讲，即使对方说了不妥的话，我们也应该给予对方更多理解，没有必要往心里去。

第 6 章
讲述故事：
领略起承转合的强大作用

现代学者陆刚说："我们对故事的嗜好反映了人类对捕捉人生模式的深层需求，这不仅是一种纯粹的知识实践，而且是一种非常个人化的、非常情感化的体验。"如今，人们对听故事的需求表现得越来越强烈。我们通过讲故事不仅能把观点和建议巧妙地传达给对方，还能引起对方的共鸣。因此，我们应该把学习如何讲故事作为提高沟通能力的必修课。

6.1 好故事应该是什么样的

什么是好故事？对于这个问题，每个人都有自己的答案。不过，在沟通时，对于如何给对方讲好故事则有明确的标准：具有时机性，为对方选择合适的故事；具有共鸣性，有可以让对方感动的内容。

1. 时机性：为对方选择合适的故事

讲故事可以吸引对方的注意力。沟通高手会通过一个故事向对方推销自己。例如，在面试时，面试官让你证明自己的工作能力，你是直接告诉对方你曾经在一年内创造了5000万元的销售业绩，还是详细讲述一下你是如何千辛万苦地拿下了一个地标性工程的？很显然，后者更能打动人。这样一个故事，除了可以展现你的勇气、自信、足智多谋，还可以展现你的坦诚、谦逊、团队合作精神。

同样一个故事，对于不同的人，我们可以从不同的角度来解读。向对方讲述自己亲身经历的故事能够快速拉近与对方的距离，让对方更容易相信自己。尤其是讲一些曾经发生在自己身上的糗事，非常容易换来对方的好感和会心一笑。

2. 共鸣性：有可以让对方感动的内容

讲故事是为了说服对方，因此，我们想要讲好故事，首先要考虑的就是故事的隐含意义是什么，是否可以引起对方的共鸣。如果文不对题，没有让对方感动的内容，那么即使故事再精彩也很难达到预期的效果。一个可以引起对方共鸣的故事通常具有三个特征。

第一，主题简明易懂。一个好故事，单看主题就可以让人理解其中的内容。如果我们在谈话刚开始时就点出自己接下来要讲的故事的主题，就可以更好地吸引对方的注意力，而且不会让对方知其然而不知其所以然，使对方自然而然地进入故事情境。

第二，内容能够制造冲突。如果我们用平铺直叙的方式向对方讲故事，很难让对方有听下去的兴趣。所以，好故事应该能够制造冲突，有起伏、有悬念。想要讲一个能够制造冲突的故事，有两种方法：一是讲美好的故事，二是讲恐怖的故事。我们可以根据自己的实际情况进行选择。

第三，为对方创造画面感。如果故事能够为对方创造画面感，那么打动对方就不在话下了。创造画面感不是一件容易的事，我们需要讲述生活中的场景，而且我们的语言文字功底要比较深厚。因此，不热爱生活、不懂得感性的人很难完成这项工作。"我们卖的不是牛排,而是煎牛排的嗞嗞声。"这句话听起来就很有画面感。"煎牛排的嗞嗞声"是一种听觉刺激,能够引起对方的视觉联想、味觉联想,甚至是嗅觉联想,这就是创造画面感的作用。

如果你的故事能够满足以上两个标准,就可以让对方感动。

6.2 讲故事的要点

沟通高手讲故事的能力很强。那么,我们应该如何讲好故事呢?想要讲好故事,关键就在于掌握讲故事的要点,如图6-1所示。

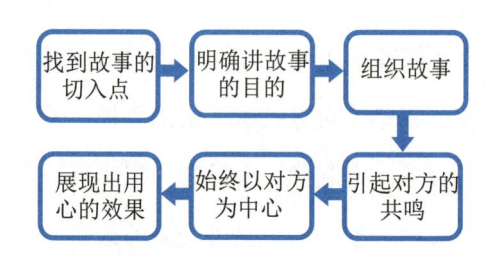

图6-1 讲故事的要点

1. 找到故事的切入点

找到故事的切入点的前提是准确捕捉对方的心理需求,用故事包装自己的独特主张,并进行感性诉求的表达。故事的切入点一般分为以下三种：以理服人（摆事实，讲证据）、以利诱人（向对方展示好处和优势）、以情动人（与对方进行情绪互动）。

2. 明确讲故事的目的

讲故事的目的不同，故事在沟通中发挥的作用就不同。有的故事是为了证明某件事的真实性，这时最好围绕对方熟知的人或物进行讲述；有的故事是为了打动对方，引起对方的共鸣，让对方在价值观上与我们保持一致。例如，戴比尔斯的"钻石恒久远，一颗永流传"，很多销售员都利用该故事感动了追求真爱的男女，促进了钻石的销售。

3. 组织故事

明确讲故事的目的以后，如何巧妙地组织故事呢？

首先，搜集、整理、归纳材料，丰富自身知识储备。通过讲故事的方式进行沟通已经被广泛应用于广告及公关活动中。我们可以借助自己喜欢的明星讲故事，也可以通过图片广告讲故事，这些都是人们熟知的素材，且说服力更强。此外，了解、借鉴他人的做法有利于我们有意识地学习，并迅速形成自己的故事集。

其次，在讲故事之前，想方设法让对方讲出他的故事。通过倾听对方的故事，我们可以了解对方的价值观、喜好、人生经历、乐趣等。如果对方愿意分享自己的故事，并且分享的故事越私密，说明他对我们的信任度越高。

4. 引起对方的共鸣

为什么好故事会因口耳相传而流传下来？关键在于其中的情感因素。好故事可以通过事件起伏带动人们的情感起伏，让人们接受其中的道理。讲好故事的关键在于锁定、满足对方的情感需求，通过故事把对方代入合适的情境。因此，在讲故事时，我们应当抓住最有利于自己、对对方最有冲击力的细节。

5. 始终以对方为中心

故事是讲给对方听的，所以在讲故事之前，我们必须分析对方，包括对方的特征是什么、喜欢听什么样的故事、更容易接受哪种语言等。另外，好故事应当与对方息息相关，可以让对方立刻想到自身。

6. 展现出用心的效果

一个好故事应该将对方的热情从99℃推向100℃。同样的故事，我们是否用心讲，最终的结果有很大差别。那么，我们如何在讲故事的过程中展现出用心的效果呢？

第一，与对方进行目光接触，对对方表示关注；第二，随着故事的情节发展变换表情，表明自己非常投入，突出故事的真实性；第三，用简明、直接的语言讲故事，避免语焉不详，让对方理解错误；第四，注意对方喜欢使用的词语，并加以配合；第五，尽量为故事提供视觉材料，并在语言中加入尽可能多的感性词汇，促使对方产生积极的联想；第六，及时结束故事，根据对方的反应把握讲故事的时间。

沟通高手与一般人之间的显著差异体现在讲故事的能力上。沟通高手通常善于讲故事，这种能力是可以通过后天练习加以提升的。即使你还不会讲故事，从现在开始学习也不晚。

6.3 用细节优化自己的故事

很多时候，我们对于细节的描述更容易引起对方的情绪反应，从而影响对方的思维方向。在讲故事时，加入细节的描述比填充丰满的情节达到的效果要更好。为什么细节的描述这么重要呢？心理学有一个"鲜活性效应"，指的是人更容易受到事件的鲜活性影响,而不是事件本身的意义。而细节的描述往往能够增强对方的视觉感及事件的鲜活性。

例如,在一场战争里,如果战地记者只报道士兵死于战场的数字,那么可能很难让民众动容。但如果战地记者报道某个家庭因为失去丈夫或儿子而承受了多大的痛苦,那么很快就会激起民众的同情心,因为这样的故事更鲜活,带给大家的视觉感更强。

为了创造视觉感,我们应该在故事中加入细节的描述,这样才能引起对方的情绪反应。用细节的描述创造一种视觉感,是沟通高手必须具备的能力。例如,当你说"白醋""杨梅""柠檬""橘子""几天没洗澡的人"等关键词时,"酸酸的"画面感就活灵活现了,如图6-2所示。

```
                    ┌── 白醋
                    │
                    ├── 杨梅
                    │
        酸酸的 ─────┼── 柠檬
                    │
                    ├── 橘子
                    │
                    └── 几天没洗澡的人
```

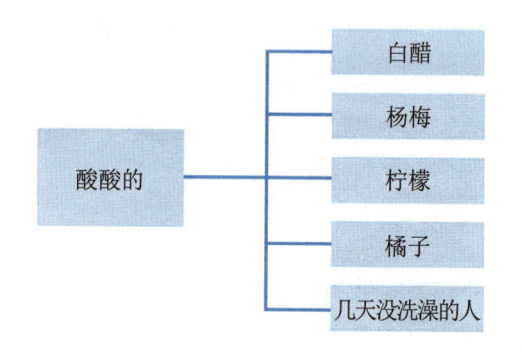

图 6-2 描述"酸酸的"画面感可以使用的关键词

又如,说"夜拍能力超强的手机",不如说"有着大光圈、优质感光元件,保证暗光拍摄效果的手机";说"能够拍星星的手机",不如说"极致夜拍,利用独特设计的大光圈和感光元件生产的可以拍摄出璀璨星空的手机";说"我们追求卓越、创造精品,帮你与时俱进、共创未来",不如说"我们提供最新的知识,帮你应对变化的世界";说"MP3 纤细灵动,有容乃大",不如说"把 1000 首歌装到你的'口袋'里"。

想要凸显主角有责任感、使命感,做事一丝不苟,能够吃苦耐劳,可以这样说:"他可以为了 1% 的细节通宵达旦,在满意之前决不放弃最后一点儿改进。"

在求婚时,细节的描述也是非常有效的。当大部分人都说"我们一定会幸福生活,白头到老"时,你可以描绘一个具体的场景:"我想在我们老了以后,仍然能牵着手,在夕阳的余晖下漫步海滩。"这样的说法不是更能让对方动容吗?

用细节的描述创造一种视觉感,不仅能激发对方的想象力,还会让对方产生熟悉感和亲切感。尤其是陌生的情节、陌生的视觉形象,在其中加入细节的描述更容易被对方接受。

6.4 投入情感,让讲故事更加轻松

我们与沟通对象并不是对立的关系,所以在和对方沟通

的过程中，完全可以把对方当作朋友，在故事中投入真实的情感，同时唤醒对方的内心情感。在这种情况下，我们会更容易获得对方的支持和认可。总结起来就是一句话，在沟通时投入自己的情感。

皮特·卢卡斯是某电力公司的销售员。一天，他去一处非常整洁、开阔的农舍推销产品。皮特·卢卡斯走到农舍门口敲门，女主人詹姆斯太太打开了门。

皮特·卢卡斯："詹姆斯太太，您好！我是某电力公司的销售员皮特。我今天来，是想让您了解一下我们公司的用电优势。"接着，只听"砰"的一声，大门被关上了。皮特·卢卡斯又敲了好几次门，这时不耐烦的詹姆斯太太已经开始破口大骂了。

回去之后，皮特·卢卡斯通过多方途径了解到詹姆斯太太养的荷兰猪特别好，于是想到了一个策略。他再次来敲詹姆斯太太家的门，并开始了与对方的谈话。

皮特·卢卡斯："詹姆斯太太，您好，非常抱歉又来打扰您，但今天我不是为推销产品而来的，只是听很多人说您养的荷兰猪生了几只漂亮的小猪，我想买一只做宠物，所以就过来了。"詹姆斯太太把门拉开了一点儿缝，打量了一下皮特·卢卡斯。

于是，皮特·卢卡斯将话题继续下去："听说您养的荷兰猪生存力特别强，不瞒您说，我太太以前也养过一只，但没多久就死了，她为此伤心了好一阵。所以，今天我特地过来向您请教荷兰猪的喂养方法，顺便带一只回去给太太一个惊喜。"

听完皮特·卢卡斯的这番话，詹姆斯太太的面色变得柔和起来，并打开门请他进来。皮特·卢卡斯趁机仔细地观察了詹姆斯太太家院内的设施。

皮特·卢卡斯："我相信您养这么多荷兰猪一定花费了不少心血吧！"

詹姆斯太太："你这话真的说出了我的心声！要知道，我先生一直都特别反对我养荷兰猪，担心传染上疾病。今天真是遇上一位知音……"

于是，詹姆斯太太向皮特·卢卡斯大倒苦水，顺便将自己的喂养经验全盘托出。在谈话的过程中，他们自然而然地提到了用电问题。两人的谈话非常愉快。两个星期之后，皮特·卢卡斯所在的电力公司收到了詹姆斯太太邮寄过来的用电申请书。之后，詹姆斯太太周围的邻居也陆续向这家电力公司递交了用电申请书。

很多人或许认为，与对方沟通只是为了解决问题，不需要投入情感,这种想法是错误的。我们完全可以像朋友那样真诚、友好地对待对方,用真情打动对方,这样不仅会使沟通更融洽,还有利于拉近彼此之间的距离。

沟通是从接触开始的,如果对方不理睬或直接拒绝我们,连说话的机会都不给我们,就别提解决问题了。我们在大致了解对方以后,就可以主动争取,让对方体会到我们的真诚和热情。这样,沟通就有了良好的开端。

有了与对方接触的机会并不意味着沟通一定能获得成功。这时,对方也许还有很多顾虑,我们应乘胜追击,细心观察对方的态度,有针对性地进行说服。为了成功说服对方,我们可以运用一定的情感因素,动情地向对方讲述一个故事,从而调动对方的情绪。

人是有情感的,所以人讲出的故事也是有情感的。在讲故事时,我们只有投入自己真实的情感,才能使沟通更顺畅,从而成功拉近与对方之间的关系。

6.5　理想与故事是最佳拍档

在讲故事时,如果对方在北上广工作,那么向对方讲述"为了理想,在北上广打拼的日子"这样的故事大概率可以引起对方的共鸣。

很多人都有这样的疑问：为什么年轻人大都愿意远离家乡，远离亲人，放弃踏实的生活到北上广打拼，而且义无反顾？

一位知乎网友对这个问题的回答获得了众多网友的赞同。下面我们一起看看他的故事是如何讲述的，又是如何打动众多网友的。

王同学毕业于一所普通的民办大专学校，因为逃课被暂扣了毕业证。于是，他带着2000元钱买了一张火车票，去往上海。在上海，王同学没有亲戚和朋友，只是因为热爱互联网才来到这里。初来乍到，王同学与他人合租在一间小房子里，租金为650元/月。他的房间非常小，只放得下一张床和一台笔记本电脑。

上海的夏天非常热，但王同学坚持每周末去体育馆参加招聘会。有时，遇到突如其来的暴雨，浑身湿透的情况很常见。尽管如此，但因为没有毕业证，王同学还是没有顺利找到工作。不过他并没有放弃，经过不懈的努力，王同学终于找到了第一份工作。

当时，王同学在去面试时迷了路，步行了1000米，到了公司以后已经汗如雨下，整件衣服都湿透了，就像刚洗过澡一样。面试主管给王同学递了一杯水,然后让他谈谈对SNS(社交网络服务)的看法。他的回答让主管很满意,而且幸运的是,主管说可以暂时不要他的毕业证,先看看他的工作表现。

就这样,王同学成功入职了这家非常优秀的互联网公司。尽管每个月只有1800元的薪水,但他并不介意。在第一次参加例会时,王同学终于见识到什么是"正规军"。他身边的同事有许多都来自大型互联网公司。

同部门的产品经理比王同学小两岁,就会使用Axure(交互原型设计工具)和思维导图,而且具备快速提炼精髓及准确分析产品的能力。王同学开始意识到,自己的知识储备可能连入门级别都算不上。但他在上海打拼的日子还是就这样开始了。

王同学每天早上六点半起床,为了省钱,中午基本不吃饭。当同事们去吃午饭时,他就一个人在顶楼的天台上发呆。下班回家以后,他不仅做饭需要排队,上厕所也需要排队,占用时间长了还会被室友催促。另外,卫生间的浴室是大家共用的,经常会遇到没有热水的情况。

晚上,王同学还要熬夜写分析报告,甚至有时会从凌晨两点忙到早上六点。遇到购物网站举办促销活动,他就会买

第6章 讲述故事：领略起承转合的强大作用

很多与互联网相关的书籍，以充实自己。周末，他会参加各种产品经理聚会，然后坐在一个角落安静地听别人发言，学习别人的经验。当他听到一些不理解的词语时，就将它们记在本子上，然后上网去查。

国庆长假期间，大多数同事都回家过节去了，而王同学则选择了加班。三倍的工资让他用一个星期的时间就买了一部智能手机。幸运的是，王同学在公司里结交了两位很好的朋友，一位是程序员，另一位是销售员，三个人几乎形影不离。程序员是一位老实、内向的男孩，执行力特别强；销售员的家庭条件很好，但依然努力、上进，想法也很朴实。

在团购刚刚兴起时，王同学和他的两位朋友负责团购导航，这是公司非常重视的一个项目。三个人都抱着创业的理想工作，每天像打了"鸡血"一样，完全不考虑付出与回报是否对等。

当销售员去北京出差时，王同学会和他打长途电话讨论产品。销售员先将访问客户的第一手资料发给王同学，然后由王同学制作产品要求，再提交给程序员，程序员当天晚上就开始做产品迭代。

有时，王同学会在凌晨突发灵感，和另外两个人打电话讨论，三个人经常一起加班到深夜。不管多晚，只要发现页面 Bug（漏洞），王同学就会打电话给程序员，程序员会立刻从床上爬起来修复这个页面 Bug。

三个人的努力很快有了回报：王同学成了项目经理，管理着十几个人的团队，而另外两个人也成了各自部门的骨干。

上海等一线城市的最大特点是生活节奏很快，只要一天不努力就有可能落后于他人，这让在那里工作的人有了不断充实自己的动力。在上海，王同学认识了许多领域的专家。这些专家知识渊博，说话恰到好处，做事井井有条。王同学暗暗发誓，自己也要成为那样的人。后来，王同学的朋友销售员开始带着他见客户，帮助他克服不擅长与人交流的弱点。有了销售员的帮助，王同学开始试着在公司的战略会议上发言，为自己的团队争取资源和利益。

一线城市汇聚了很多人的理想，在这里，谈理想永远不会被嘲笑。如果你和对方都在一线城市打拼，就在沟通时给他讲一个关于理想的故事，这样一定可以引起他的共鸣，获得他的好感。

6.6 加大需求，让故事更丰满

一个丰满的故事要求人物的需求越大越好。需求即差距,也就是现实与理想之间的差距。需求有六大层次,如图 6-3 所示。

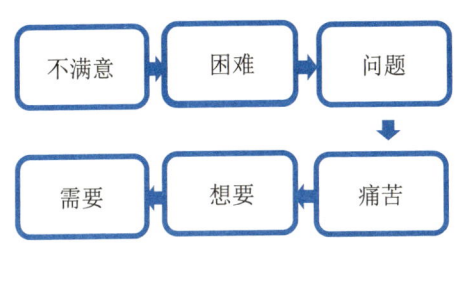

```
不满意 → 困难 → 问题
                    ↓
需要 ← 想要 ← 痛苦
```

图 6-3　需求的六大层次

1. 不满意

对方在产生某种需求时,第一个阶段表现出来的是对现状的不满意。这些不满意就是我们进入对方内心的关键点。

王晓丽是一位推销员,擅长讲故事。有一次在拜访一位客户时,她发现这位客户的家里种了很多花。于是,王晓丽和客户说:"我发现您家里的花长得不错,但花盆有些小,严重影响了整体的美观性。我想,您一定需要一个精美的花盆。我现在就在网上销售花盆,这些花盆都是我从供应商那里精挑细选的,不仅价格优惠,质量也特别好。如果您有兴趣,我把我网上店铺的链接发给您,您可以直接购买。"

结果,这位客户在王晓丽的网上店铺里购买了十几个花盆，王晓丽也因此赚到了一笔钱。

在这个案例中，王晓丽从客户对现状的不满意出发，为客户创造需求，进而收获了订单。

2. 困难

对方对现状的不满意程度会随着时间的推移慢慢加深，渐渐地，这种不满意会表现为一种困难。当对方的生活被这种困难严重影响时，便是我们进一步切入的最好时机。

3. 问题

对方的困难进一步演化，就会出现很多新的问题。这时，对方会开始考虑这些问题对自己的影响程度。对方也许无法接受这些问题，也许想着以后再解决这些问题。此时，我们可以把这些问题扩大，引导对方产生解决这些问题的迫切需求。

4. 痛苦

当对方的问题继续演化，或者被我们有意识地扩大以后，对方便开始产生痛苦的感觉。当对方感受到问题的严重性时，我们可以进一步加重对方的痛苦感，让对方难以忍受。

5. 想要

当对方的痛苦感达到一定程度以后，对方会主动开始考虑如何减轻这一痛苦，从而产生想要解决问题的想法。在这种情况下，我们已经由被动变为主动。

6. 需要

当对方主动想要解决问题，并且迫切需要解决方案时，我们就可以轻松地说服对方。之后，我们需要做的就是为对方寻找最佳的解决方案，帮助对方解决问题。

在讲故事前，我们要先知道对方的需求属于哪个层次。如果能够加大对方的需求，让对方对自己身上的问题产生紧迫感，就可以让故事更丰满、沟通更顺畅。

6.7 瞄准对方的情绪爆发点

有些不是很好听的话，常常因为说出的人有良好的专业素养和个人魅力而变得容易接受。之所以会如此，是因为这些人可以瞄准对方的情绪爆发点，让对方在感性的驱使下被说服。为了让故事更有吸引力，在讲故事时，我们也应该瞄准对方的情绪爆发点。

蔡文是一位保险推销员，他曾经向某公司的白经理推销保险，不过尝试了很多次都没有成功。有一次，蔡文在街上闲逛，看到两个人在给别人擦鞋赚钱，于是上前询问，得知他们都是因生活所迫才出来擦鞋的。蔡文心生一计，当即就带了其中一个人去见白经理。

蔡文："白经理，这是我最后一次和您见面了，打扰您这么多天，真的非常抱歉。为了向您表示诚挚的歉意，我今天专门请了一个人帮您擦鞋，希望您能同意。"

白经理见蔡文一脸真诚就同意了。擦完鞋后，蔡文主动和白经理聊起天来。

蔡文："白经理，您看这个人和您的年龄差不多，却需要为了维持生活而出来擦鞋。如果他有保险，是不是就可以为自己提供一份保障，让自己生活得更安心？"

白经理："确实，他很适合买一份保险。"

蔡文："您是从事投资管理工作的，一定知道投资的风险有多高，其实人生的风险也很高。虽然您现在事业有成，有能力给家人提供很好的生活，但未雨绸缪总是好的。趁着现在有些闲钱，您很有必要为自己和家人买一份保险。您买了这份保险以后，不但您的家人会更有安全感，您也一定会觉得物超所值。"

第6章 讲述故事：领略起承转合的强大作用

白经理想了想给自己擦鞋的人，又联想到自己的未来，心中很受触动。最后，他听取了蔡文的建议，决定购买该公司的保险。

在上述案例中，蔡文虽然向白经理推销了几次保险都没有成功，但他没有气馁。在最后一次推销中，蔡文积极地调动了白经理的情绪，让白经理变得感性。更重要的是，蔡文抓住了白经理对自己的未来和家人的担忧，最终拿下了保险订单。

在沟通的过程中，我们想要说服对方，只靠一些干巴巴的话术是不行的，最好的方法是配合一些故事调动对方的情绪。那么，我们应该怎样调动对方的情绪，让对方在感性的驱使下被说服呢？最重要的是多使用身临其境式的词语。

在与对方沟通时，我们可以多说一些能让对方身临其境的话，而不要过多使用"如果""假如"等词语。身临其境式的词语有非常好的暗示效果，可以激发对方的感性思维，让对方不自觉地想象自己被说服之后的场景，从而消除对方的抵触情绪。

例如，销售员在面对客户时可以这样说："当您驾驶这辆汽车时，就会发现这辆汽车大大提高了您的办事效率。我敢肯定，您一定会非常喜欢它。"如果销售员说："假如您有这样一辆汽车……"则很容易让客户产生一种可有可无的感觉，进而影响销售。

把故事讲到对方的心里，可以打消对方的顾虑，为对方找到更多接受建议的理由。说到底，故事要与对方的情绪爆发点相符，要具有说服力，这样才能吸引对方的注意力。

6.8　案例：用假故事改变暴躁的上司

很多时候，出于维护彼此关系的需要，有些话不能说得过于直白，否则会伤害对方的自尊心，破坏和谐的气氛。

陈海涛是某公司的销售经理，王婷是这家公司的销售员。陈海涛的工作能力比较强，也很照顾自己的下属，销售部门的员工对他的评价都很好。但有一段时间，陈海涛的脾气变得暴躁起来，对下属的失误几乎"零容忍"，这让大家在私底下议论纷纷。

一天中午，王婷去吃午饭，在排队点餐时看到陈海涛也在吃午饭。王婷点过餐后到陈海涛的旁边坐下，笑着问道："陈经理也来这里吃午饭，之前没看见过您啊？"

陈海涛淡淡地说："因为我之前都是自己带午饭的。"

王婷问道："现在为什么不带午饭了？"

陈海涛尴尬地笑了笑,说:"妻子和我分居了,我自己懒得做饭。"

王婷不好意思地说:"抱歉,陈经理。"

陈海涛回答:"没关系。"

王婷略带伤感地说:"我父母以前也分居过。"

陈海涛好奇地看着她,期待下文。

"我爸爸有一段时间工作很不顺心,经常和我妈妈吵架。我妈妈是理解他的,所以在各方面都忍让他。但过了两三个月,我爸爸还是没有改变。"王婷顿了一下,继续说:"在家庭生活中,夫妻间难免会出现一些小误会。谁都有不足之处,陈经理,您说对吗?"

陈海涛点点头,说:"没错。"

王婷接着说:"后来,我爸爸对我妈妈几乎到了'零容忍'的地步,每隔一段时间就要大吵一次……时间一长,我妈妈就受不了他了。因为我从中撮合,他们才没有离婚,而是暂时分居了。分居以后,我爸爸渐渐明白了自己的错误。后来,他认认真真地写了一份2000字的忏悔书给我妈妈。"说到这儿,王婷忍不住笑了出来。

陈海涛笑着问:"看来,现在你父母的感情已经变好了。"

王婷开心地点了点头。

第二天上午，陈海涛把销售部门的所有员工叫到办公室，向大家念了自己写的"忏悔书"。大家异常激动，疯狂地为陈海涛鼓掌。在这之后，销售部门的工作氛围比以前更好了，整体业绩也直线上升。直到半年以后，陈海涛才知道王婷讲的父母分居的故事是编出来的。

王婷用一个假故事让陈海涛认识到自己的错误。她的成功之处在于用一个相似的故事让陈海涛明白一些道理。当陈海涛明白道理之后，自然就会检讨和改变自己。这里的关键在于，我们要把自己的意图隐藏起来，在不伤害对方自尊心和影响对方情绪的前提下，达到劝说的目的。

很多道理大部分人都明白，但有时，当事人可能由于情绪、心理等方面的原因，一时执迷，甚至到了不可理喻的程度。在这种情况下，编造一个带有暗示作用的假故事，可以让对方进行理性的联想与反思，从而主动改变自己，使自己回归正常状态。而且，当一个人有过这种经历之后，他在自我调节方面会有很大提升，会从内心感谢间接劝说自己的人。

第 7 章
巧妙提问：
学会提问，牢牢掌控局面

如果我们能提问、能倾听、能接话、能反馈，即使在整个沟通过程中只有20%的发言量，我们也会被认为是会说话的人。对想成为沟通高手的人来说，学会巧妙提问非常重要。有时，即使是一个小小的问题，也可以释放出巨大的能量。通过提问，我们不仅可以推测出对方的真实意图，还可以尽快说服对方，实现沟通的目的。

7.1 小提问有大能量

沟通离不开提问，但提问要看对象，不同的对象需要采用不同的提问方式，否则只能无功而返。陈铭曾经在《超级演说家》中分享了一个自己与妻子"辩论"的故事。

一天，陈铭的妻子看中了一款包，但是比较贵。他觉得花这么多钱买包没有必要，于是通过一连串提问说服了妻子。

他说："老婆，你知道中华民族的传统美德是什么吗？是勤俭节约；你知道当代人欠缺的精神是什么吗？是支持国货。你看看这款包，再看看这款包的价格，你知道它的成本只有多少吗？你知道它的利润翻了多少倍吗？你先冷静一下，跟我一起深呼吸。你想想看，按照我们的经济条件，你现在应该买这款包吗？你这么漂亮的一个姑娘，拎着这样一款包走在路上，不怕被偷吗？还有，你拎着这样一款包去公司，考虑过人际关系吗？"

陈铭的这些提问包含情怀、理念、性价比、风险比，对他的妻子来说是很有说服力的。可见，在沟通时，与其苦口婆心地和对方讲很多大道理，不如把对方没有考虑到的问题提出来，即通过提问的方式引导对方说出自己的想法，让对方认识到自己的不足之处。

实际上，有意思的提问不仅存在于亲密关系中，日常生活中也比比皆是。例如，很多推销员都有过推销失败的经历。假设你是一位推销员，你会如何向那些不愿意被推销的人推销呢？对此，两位传播学家做过一项实验：在超市或商店门口随机挑选路人，并问他们是否愿意抽出时间做调查问卷，结果只有29%的路人说"愿意"。

但如果在拦下路人之后，先问："你觉得自己乐于助人吗？"大家基本都会回答："当然。"此时，再问他们愿不愿意帮忙做调查问卷，77.3%的路人都会回答"愿意"。这是因为大多数人都倾向于保持前后行为的一致性。

该技巧也被广泛应用于市场营销领域。如果直接拦下路人，请他们尝试新的产品或服务，他们通常会犹豫和拒绝。但如果先问他们："你觉得自己有冒险精神吗？"在得到肯定的答复以后，再推销产品或服务，则成功率会高很多。

7.2 多使用诱导性的语言

在提问时，我们可以多使用一些诱导性的语言，这样更容易说服对方。

周丹是一位笔记本电脑专卖店的销售员。一天，王女士走进店里,和周丹进行了如下对话。

周丹问:"您要买电脑吗?想要什么配置的电脑?"

王女士回答:"我自己先看一看。"

周丹问:"您的预算是多少?"

王女士回答:"我想先看一看再说。"

周丹又问:"您买电脑准备给谁用?"

王女士打开了话匣子:"给我儿子用。他已经上大学了,很多作业要在电脑上完成。"

"您儿子已经上大学了吗?但您看上去还这么年轻。"周丹做出惊讶的表情。听到这里,王女士开心地笑了起来。

周丹笑着问道:"您儿子是哪所大学的?"

王女士自豪地说:"清华大学。"

"清华大学?您儿子太有出息了,能上清华大学的人,将来一定可以找到一份好工作。"周丹羡慕地说。

"还行。"王女士谦虚地说,但掩饰不住内心的自豪感。

周丹继续问道:"这么棒的儿子,您想给他买一款什么样的电脑?"

王女士说:"我也不知道,我不太懂电脑。"

周丹想了一下,说:"我推荐这款最新型的电脑,它的配置非常高……而且,这款电脑非常结实,适合男孩子用。另外,我们还赠送三年保修期,坏了免费上门修理。"

王女士问:"多少钱?"

周丹回答:"5600元。"

王女士又问:"这款电脑适合我儿子用吗?"

周丹回答:"非常适合,这是目前配置最高的电脑了,用三五年都不会过时的。我们这里还有一些价格比较低的旧款电脑,但配置没有这么高,您儿子应该不会喜欢。"

最后,王女士高高兴兴地买下了这款价格为5600元的电脑。

通过这个案例我们可以发现,在沟通时使用诱导性的语言可以引导对方说出自己的想法,从而有效挖掘对方的需求。只要了解了对方的想法和需求,和对方沟通起来就容易多了。

7.3 开放式提问更加实用

在沟通的过程中,我们可以用提问的方式让对方说出自己内心的真实想法,并鼓励对方大胆地提出自己的建议。由此可见,提问是沟通的一种重要手段。作为提问的主体,我们需要掌握一定的技巧。一般来说,提问可以分为两种:一种是封闭式提问,另一种是开放式提问。

封闭式提问是让对方回答"是"或"不是",目的是确认某种事实,了解对方的观点。封闭式提问可以帮助我们更快地发现问题,找出问题的症结。而在开放式提问中,问题是宽泛的,对回答的内容不设限制,能够让对方更畅快地表达自己的想法,但是可能出现跑题的现象。在沟通时,我们可以借助开放式提问引导对方敞开心扉,了解一些自己不知道的情况。

接下来我们以绩效面谈为例,向大家说明一下什么是封闭式提问,什么是开放式提问。

1. 封闭式提问

领导:员工绩效考核表中的各项数据显示,上半年,你们销售部门的业绩下降了20%,而你作为销售经理却没有采取任何行动。你难道没有意识到这件事吗?

销售经理:我已经意识到了。

领导:我在上个月就把销售目标布置下去了,而你们现在才完成了30%,造成这种情况的原因是不是你手下的销售员太少?

销售经理:没错,就是销售员太少。

2. 开放式提问

领导：员工绩效考核表中的各项数据显示，上半年，你们销售部门的业绩下降了20%，而你作为销售经理却没有采取任何行动。这是因为什么呢？

销售经理：因为我最近的工作太多，非常忙，而且……

领导：我在上个月就把销售目标布置下去了，而你们现在才完成了30%，造成这种情况的原因到底是什么？

销售经理：因为我们部门的销售员最近都……

通过上述案例可知，如果我们进行封闭式提问，则对方大多只能回答"有"或"没有"、"是"或"不是"，这就导致我们可以得到的信息比较少。而如果我们进行开放式提问，则对方可以畅所欲言，我们也可以得到比较全面的信息。更重要的是，在开放式提问中，整个谈话氛围会非常轻松、愉快。所以，在沟通的过程中，我们应该多进行开放式提问。

7.4 从提问中推测对方的真实意图

推测对方的真实意图不是一件容易的事。我们最好在与对方沟通时，自问下列问题：他说的话是什么意思？他说的是一个事实还是一个意见？他说的话可以相信吗？他这样说的目的是什么？他的顾虑是什么？我们只有搞清楚上述几个问题，才可以成为一位沟通高手。

对方最犹豫的时候也就是马上要做出决定的时候。因此，即使到沟通的最后一刻，我们也不可以放松警惕。在很多成功的案例中，沟通者都是先问出了对方心中的顾虑，找到了解决方法，然后才让对方做出决定的。

我们一定要记住，在真正了解对方的真实意图之前，尽量不要让对方自己拿主意，而要让对方说出自己最犹豫的问题。如果我们可以和对方一起解决这个问题，就相当于和对方站在了同一立场。

互动是我们了解对方真实意图的最简单的方法。无论是向对方讲故事，还是引导对方讲故事，都必须与对方互动，而提问就是最好的互动方式。我们应该学会通过提问使对方敞开心扉，从而让对方更畅快地表达自己内心的需求。

例如，我们可以用"为什么……""什么……""怎么样……""如何……"等语句向对方提问。对方会针对我们提出的问题表达自己的想法。之后，我们还可以用提问的方式与对方一起商量，以找到解决问题的最佳方案。例如，在面对合伙人时，我们可以这样说："我们的合作势在必行，双方都将从中获益良多。您还在犹豫，是不是还有什么问题没有解决？您可以直接说出来，我一定尽最大努力为您解决。"

很多时候，对方会有自己的立场。他也许不会把自己内心的想法说出来，甚至可能用借口或不实的理由搪塞。当然，他也有可能会为了达到别的目的而声东击西。因此，我们必须尽可能地通过提问"听"出对方的真实意图。

7.5　案例：巧妙提问帮助销售员说服客户

如果我们侃侃而谈，而对方在一旁插不上话，那么这并不是一次成功的沟通。沟通是要有互动的，是一个"你来我往"的过程。巧妙提问是创造互动机会、挖掘对方需求、吸引对方注意力的有效方法。尤其是在说服客户方面，巧妙提问的作用非常大。

美国著名的保险销售顾问弗兰克·贝特格曾经提醒销售员："最好不要打断客户的生意，一定要静下心来等待，等待一个可以说话的机会。然后巧妙地利用提问，让客户停下来与你说话。要成为一位成功的销售员，关键要学会提问。"

雷安是保险公司的一位销售经理，曾经服务过一位名叫姜东元的客户。姜东元是一位成功的企业家，在见到雷安之前，他对销售员的态度一直是：离他们远点。为了获得姜东元这位客户的青睐，雷安可谓费尽了心思。

一天，雷安终于做足准备，决定去和姜东元面谈一次。见面以后，雷安很有礼貌地说："姜先生，您好，我是保险公司的销售经理雷安，是您的朋友吴迪先生介绍我过来的。"说完，雷安便把准备好的由吴迪先生亲笔签名的名片递给了姜东元。

姜东元一听雷安是销售经理，立即拉下脸来，不耐烦地说："又是一个来推销产品的。"

雷安顺势说："是的……"

姜东元有点气愤，说："你已经是今天第四个向我推销产品的人了。拜托你别打扰我，我真的还有很多事要做，没有时间听你胡言乱语。"

雷安还没来得及进一步说明情况就被姜东元打断了。听了姜东元的话，雷安并没有放弃，而是接着说："我今天来只是想做一个自我介绍，顺便和您约一下明天的时间。您看是上午还是下午？您只要给我20分钟就够了。"

姜东元依然表现得很不耐烦，说："我说过了，我很忙，有很多事要做，根本没有时间。"

面对姜东元的一再拒绝，雷安仍然没有放弃，并且用了几分钟的时间仔细地看了姜东元放在地板上的产品。然后，雷安指着这些产品说："这些产品都是您的公司生产的吗？"

姜东元一脸不屑地说："是啊。"

雷安虽然感觉到姜东元很生气，但并没有打算放弃，而是接着问："您做这一行有多长时间了？"

姜东元的声音稍微缓和了一些，回答道："快20年了。"

雷安接着问："您为什么选择做这一行呢？"

这时，姜东元的态度缓和了很多，语重心长地说："这就说来话长了。我从17岁开始就从事这一行，在一家工厂里工作了整整10年，后来自己开了这家公司。"

雷安一听，心中暗喜，对方开始敞开心扉，说明他的提问起作用了，他已经在不知不觉中激起了姜东元说话的欲望。接着，雷安继续问道："您是北京本地人吗？"

这时，姜东元的怒气已经完全消散。他回答道："不是，我的祖籍是山东。"

雷安又问："那您肯定在年龄很小的时候就离开家乡了吧？"

姜东元听到这儿，开始回忆自己的辛酸历程，说："我14岁就离开了山东，在上海待过一段时间，后来又辗转来到北京，之后就一直待在北京了。"

雷安顺势问道："那您出来开拓事业一定得到家里的资助了吧？"

此时，姜东元已经面带微笑了。他很自豪地说："我的家庭条件不好，父母不能给我提供帮助。我是白手起家，靠自己干到现在的。如今，我们公司的市值已经达到2000多万元。"

雷安接着说："我认为这些产品的生产过程肯定很有意思，我能不能去看一看？"

姜东元站起来走到雷安身边，说："没问题。我为自己的产品感到骄傲，我相信我们公司的产品在市场上是最好的。我现在就带你到工厂去，看一看这些产品是如何被制造出来的。"然后，姜东元把手搭在雷安的肩膀上，带他去参观公司的工厂。

虽然雷安成功地与姜东元打开了交流的局面，但在第一次与姜东元见面时，他并没有向对方推销任何保险产品。然而，在之后的几年时间里，雷安累计向姜东元卖出了10多份保险，还向姜东元的亲戚们卖出了10多份保险。在与姜东元的交往中，雷安不仅从姜东元那里赚到了钱，还和姜东元成了很好的朋友。

面对姜东元这样一位非常难沟通的客户，雷安通过巧妙提问的方式引导对方讲述自己的经历和故事，拉近了双方之间的距离，最终促成了销售。由此可见，巧妙提问对增强互动、拉近双方之间的距离有重要作用。

第 8 章
注重形式：
想好应该怎样沟通

在与对方交谈时，很多人不知道应该如何称呼对方，也不知道怎样才能把话说得好听。面对对方，有些人会非常不自然，无法准确表达自己的想法，从而导致沟通失败；即使想夸奖对方，也有可能因说错话而出现问题，从而让对方感到尴尬和难堪。因此，对缺乏经验的沟通者来说，学习用合适的形式沟通是一堂必修课。

8.1 用"我们"代替"我"

在沟通的过程中,用"我们"代替"我"会拉近双方之间的距离,提高对方对我们的好感度。通常来说,每个人对自己的关注会多于对他人的关注,这是人类的一种特性。人们都会为自己着想,而且会想方设法提升自己在他人眼中的价值。这一点体现在聊天上,就是喜欢掩饰自己的劣势,表现自己的优势。

在人际交往中,用"我们"代替"我"就相当于弱化了自己的这种特性,强化了对方的这种特性。如果一个人常说"我怎么样",则相当于告诉对方:我身上的这种特性很强,我对你的关注远比不上我对自己的关注。但如果一个人常说"我们怎么样",则对方对这个人的好感度一定高于前者。

"我们"与"我"只有一字之差,但带来的效果相差很大。常说"我们",会让对方感觉我们心中时刻都有对方的位置,把关注点集中在对方的身上;而常说"我"则没有这种感觉,更可能让对方认为我们是比较自私的人。在沟通中,对大多数人来说,"我"出现的频率远高于"我们"出现的频率。如果有一个说"我们"远多于说"我"的人出现,那么大家大概率会喜欢这个人。

张欣是一位初中语文老师,虽然教学经验不足,但深受学生的喜爱。在学校领导看来,她也是值得培养的对象。有一次,领导在考虑某调研活动的人选时找她谈话,她表示自己的教学经验不足,教学水平有限。领导则认为,这次调研活动是针对学生管理方面的,张欣虽然教学经验不足,但在这方面做得很好,所以是合格的人选。

当领导问她为何能获得学生的好感时,她说:"我只是喜欢和学生'站'在一起。例如,当我想提高他们的学习热情时,我会说,'我们都知道,人生没有回头路。我们现在不抓紧学习,将来……'而有的老师可能会说,'你们要知道,人生没有回头路。你们现在不抓紧学习,将来……'虽然这只是'我们'与'你们'的区别,但给学生的感觉有所不同。"

领导想起前不久学校有两名男同学打架的事情。当时如果不是被张欣遇到并予以劝阻,后果将不堪设想。张欣回忆说:"那是因为我的教导和批评没有让他们抵触。第二天在班里,我还让他们拥抱和好。在劝架时,我说,'我们是来学校学习的,在学习的同时可以结交朋友,这是父母送我们来学校的目的。他们绝对不希望我们在学校里打架斗殴,万一进了医院或派出所,他们会多么伤心啊!'。"

在调研活动中,张欣就"与学生拉近距离"的话题讲了许多,得到参与人员的一致认可和好评。张欣通过多说"我们"的方式,表明自己与学生站在同样的立场考虑问题。用这种姿态与学生交流,学生会更容易接受。久而久之,不仅可以加强学生的组织纪律性,还可以提高学生对老师的好感度。

实际上,在沟通的过程中,人们都希望对方能够关注自己,与自己站在同样的立场考虑问题。常说"我们"可以表现出自己对他人的关注和重视。在大多数沟通中,对方最在意的是我们的态度。只有感受到我们的友好态度,对方才愿意与我们深入交流。而且,与讨论问题相比,许多人更关心沟通的气氛和彼此的感觉。当气氛和感觉都很好时,问题也许就能迎刃而解了。

用"我们"提高自己对对方的关注度和重视度,使对方感受到我们的友好态度,这样对方对我们的好感度也会提高。这有利于营造一个轻松愉快的氛围,促进彼此进一步的交流。如果想获得对方的好感,拉近彼此之间的距离,就要用"我们"代替"我"。

8.2　借助第三方让对方相信

当沟通陷入僵局时，如果情况进一步恶化，则很可能进入死胡同，导致双方对沟通丧失信心，认为没有继续下去的意义了。尽管这种情况并不常见，但一旦遇到了，比较好的解决方法是：引入中立的第三方。

中立的第三方往往会担任调解者或仲裁者的角色。但调解者和仲裁者其实有着明显的区别。一般来说，仲裁者的意见会得到双方的尊重，而调解者则没有这么大的力量，其作用是在双方达成一致意见的过程中进行辅助和协调。

引入第三方不仅是缓和沟通气氛的一种方式，往往也是解决问题的有效途径。然而，要想让第三方发挥作用，就必须保证他在立场和利益上是中立的。为了得到双方的认可，请谁来担任第三方也很有讲究，在人选上至少要做到公平、公正。

即使第三方已经大概了解了事情的来龙去脉，也要在一开始表明自己不知情："我不清楚到底发生了什么事情，你们可以把情况说明一下吗？"并且在调解之前，第三方应该阐明自己的立场，以此表明自己完全中立、毫无偏袒之心。

夏洛特看到了一则房产广告，房主并未通过中介，而是直接将信息发布在了网站上。不过,夏洛特和房主没能就价格达成一致意见。夏洛特坚持最多出价 140 万元,而房主则宣称出价不得低于 170 万元。

虽然沟通陷入了僵局,但双方都想达成这笔交易,所以并没有放弃。于是,他们找到了一家权威且中立的房产评估公司,由这家公司给出一个报价。两个星期之后,这家公司发布了一份价格评估报告。报告显示,根据近期的交易情况,该房屋的合理价格为 150 万元。最终,双方接受了这个价格,并顺利达成了交易。

在沟通时,我们会受到情感因素的影响,最终导致沟通失败。虽然我们会提醒自己必须冷静客观地进行判断,但很少有人能够真正做到。大多数人都持有"不想输给对手,也不想让步"的观点,导致沟通的过程非常艰难。

此时,单凭两个人的力量,不管做出多大的努力,可能都无法达成一致意见,甚至会相互指责,以此逼迫对方让步。而引入第三方则是摆脱这种困境的关键。请第三方来进行判断,并尊重第三方的判断结果,这是双方都能够接受的解决方法。而第三方的作用到底有多大,则应该由沟通双方来决定。

不过需要注意的是,我们不能为了摆脱困境而不惜一切代价，甚至屈服于对方，或者不加考虑地接受第三方的意见。有时，困境可以被作为一种非常有效的施压手段。我们可以利用困境向对方施压，使其考虑放弃自己的部分利益，并做出让步。

在遇到困境时，双方可能仍然有强烈的意愿让沟通继续下去，只是面临无法取得实质性进展的局面。在这种情况下，除邀请第三方介入外，还需要调整沟通的气氛。对于如何调整沟通的气氛，有很多种方法。例如，双方可以暂时停止沟通，休息一段时间再继续讨论；也可以暂时从沟通的紧张气氛中抽离出来，讨论最近的新闻事件、文娱报道，以及热门话题，或者讲一些有趣的故事。

此外，暂时从重大、主要的问题上转移开来，商讨一些细节问题也是不错的做法。我们可以先提出一个建议，然后观察这个建议是否引起了对方的兴趣。当然，如果第三方足够优秀、有主见，那么这个建议也可以由第三方提出。

8.3　将结果描述得更加具体化

学会将结果描述得更加具体化，对于推动沟通的成功非常有帮助。只要给对方一个具体的结果，对方就会反馈一个明确的有利于沟通的行动。那么，如何描述具体的结果呢？描述具体结果的三种方法，如图 8-1 所示。

1	描述一个可以快速实现的结果
2	描述一个可以轻松、简单实现的结果
3	突出实现结果的安全性

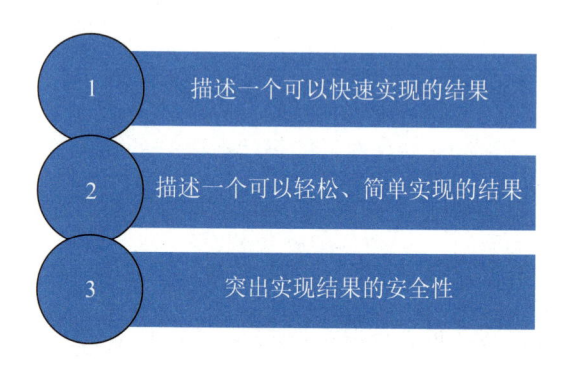

图 8-1 描述具体结果的三种方法

第一，描述一个可以快速实现的结果。在描述结果时，要突出实现结果的速度快。例如，仅用 21 天，×××的身材就恢复了原样，体重下降了 10 斤；一个月的时间，×××就摆脱了近视；×××仅用 10 天，就让她的男朋友回心转意了。

现代人追求的是高效率，都希望能够在最短的时间内获得成功。因此，一个可以快速实现的结果是非常有吸引力的，否则对方很快就会失去兴趣。试想，如果减肥要花费十几二十年的时间，那么人们还能坚持下去吗？答案显而易见。

第二，描述一个可以轻松、简单实现的结果。如果我们描述的结果能轻松、简单地实现，那么对方被说服的可能性

第 8 章 注重形式：想好应该怎样沟通

就会增加。例如，销售员对客户说："我们的产品在包装、设计等方面都非常简单，随时随地可以使用。无论是上班、开会，还是在路上、车上都能随身携带，方便极了。"客户很可能被打动，进而购买产品。

第三，突出实现结果的安全性。例如，仅用 21 天，×××的身材就恢复了原样，体重下降了 10 斤，而且没有反弹的迹象，血压、血糖也比以前正常了；坚持使用这款面膜一个月以后，×××的肤色更白了，而且皮肤变得非常有弹性。

在沟通的过程中，描述具体结果是一个非常重要的环节。给对方描述具体结果的目的是让对方产生兴趣。因此，我们描述的结果一定要具有启发性、鼓动性。在听了我们描述的结果之后，对方应该能够实实在在、清清楚楚地了解到实际的好处，并采取相应的行动。

我们必须本着打消对方的疑虑、为说服对方找到更多理由、权衡各方利弊、促使对方做出正确决定的原则描述具体结果。说到底，如果我们不描述具体结果，而直接向对方灌输观点，那么很难让沟通顺利进行下去。需要注意的是，这个具体的结果要与我们想要灌输给对方的观点相符，只有这样才具有说服力，才能够激发对方的沟通欲望。

8.4 甜言蜜语让沟通更愉快

同一种意思，用不同的方式表达出来，产生的效果可能截然相反。这个道理几乎人人都懂，但在生活中，为什么还有很多因为表达不当而出现矛盾的情况呢？这是因为有的人在面对陌生人时可能比较注意说话的方式，在面对身边人时却不这样做。

刘菲菲嫁到外省已经两年多了，有一次回娘家，她带了很多土特产。她的父母把其中一部分送给了亲戚朋友，只留下了在途中破损的、不好看的食物。刘菲菲很不理解，说："这些土特产都是我带回来给家里人吃的，本来就不多，你们还送给别人了。"

刘菲菲的母亲说："那你下次就不要给我们带土特产了，反正我们也要送人。每次回来，你既要照顾孩子，又要拿这么多东西，我看着都累。"

刘菲菲不知道应该说什么，委屈地哭了，而母亲还是一副气愤的样子。后来，刘菲菲的姐姐告诉她，母亲很后悔把话说得那么难听，伤了她的心，其实母亲只是不想让她那么累。听了姐姐的这番话，刘菲菲主动找母亲诉说心事，母女关系比以前更好了。

我们都明白母亲爱女心切，但是母亲却把关心的话说得让人难受。在现实生活中，像刘菲菲一样委屈哭泣的人可能还有。如果刘菲菲的母亲注意一下说话的方式，让刘菲菲感受到自己内心的关切，那么刘菲菲只可能会感动地哭，而不可能会委屈地哭。

在生活中，因为表达不当而造成关系陷入僵局的例子不少。其实，让自己的表达符合心中所想，是一件既简单又有意义的事情。有的人虽然不擅长表达，但注重听者的感受，会想办法调整自己说话的方式，多说一些甜言蜜语，这样也会达到不错的效果。

某公司有两位能力很强，但是话比较少的经理柳强和王琛。在成为经理之前，他们的工作能力相当，都是令人敬佩的对象。但在成为经理之后，他们不同的行事风格慢慢显现出来。

柳强在与人交流时十分强势，让下属特别不舒服。例如，某位下属的工作没有按时完成，他会说："你真是太笨了，这么简单的工作都完不成。你每天都在干什么？"经常被领导用这种语气训斥，下属一定很难过，甚至会带着怨气工作。

而王琛在成为经理之后虽然还是话比较少，但他一直在努力做到让下属愉快地完成任务。如果下属的工作没有完成好，他会说："你帮我看看这个方案能不能再改进一下？"时间久了，大家都认为王琛不但能力强，而且体贴下属，很有人情味。

在表达善意时，我们要让对方切实地感受到，而且不要说容易让对方误解的话。尤其是在对别人有所要求时，更要持尊重之心，不说冷硬、无感情的话。"每颗心都渴望被触摸"，而这种触摸与被触摸大多是靠语言来完成的。

同一种意思，表达的方式有很多种，不同听者的感觉也有很多种。从这个角度来看，"学会说话"是一件特别困难的事。然而，每个人都与极其多的人说过极其多的话，这种丰富的经历足以让我们"说的话越来越好听"。

8.5　用温柔的声音说动听的话

俗话说："未见其人，先闻其声。"每个人都有自己独特的声音，可以塑造出不同的形象，给对方带来的感受也不一样。愉悦的声音可以传达高兴的情绪，让对方产生继续听下去的兴趣；悲伤的声音容易让对方感到压抑，甚至不想再继续沟通；愤怒的声音会让对方感到生气，不愿意继续交谈。可见，把握自己的声音在沟通中十分重要。美好、愉悦的声音会有一种特别神奇的作用,更容易敲开对方心灵的大门。

那么,我们应该如何把握自己的声音呢?我们可以从以下三个方面着手,如图 8-2 所示。

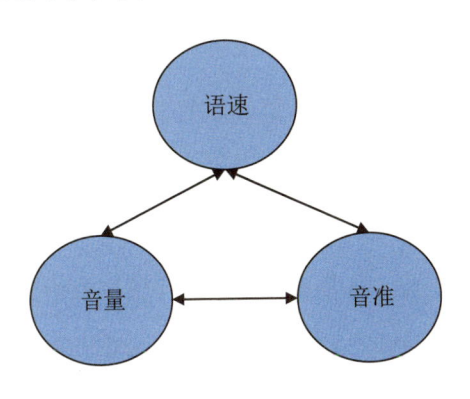

图 8-2 如何把握自己的声音

1. 语速

我们在与不同的人交谈时,应该使用不同的语速。适当放慢或加快自己的语速,会产生不同的效果。一般来说,和老人说话要慢一些,因为他们的理解能力比较弱;和年轻人说话要快一些,因为他们的理解能力比较强,但他们通常没有太多的耐心。

对于语速的训练,有很多种方法。例如,我们可以在与别人沟通时进行录音,听自己如何说话,感受自己说话的速度是否合适。在一般情况下，每分钟 180～200 字是正常的语速。如果我们发现自己的语速过快或过慢，可以适时训练，及时改进。

在大学中，有些讲师的讲座几乎场场爆满，很多学生宁愿站着也要听。这是因为不仅讲座的内容十分丰富，讲师的语速还会随着内容及时调整，让学生有一种视觉和听觉的双重享受。而有些讲师的讲座上座率不高，而且有些学生即使到了现场，也只是在忙自己的事情，例如玩手机或者做一些其他学科的作业。这是因为即使讲座的内容十分丰富，但如果讲师的语速过快、过慢或没有任何变化，也会像催眠曲一样，让学生感到乏味。

2. 音量

如果音量控制不好，沟通的结果往往也不会很好。例如，我们说话的声音很小，则对方可能会听不清楚，而且会显得我们没有自信和说服力。当然，也不是说音量越高越好。声音过大，听起来像吵架一样，也会影响对方的心情和沟通的进展。

在和老人交谈时，我们可以适当提高音量。随着年龄的增长，人的听力会有所下降，所以我们要适当提高音量以确保他们可以听见。在和年轻人交谈时，我们的音量应该以让对方听清楚为标准，可以比平时说话的声音大一些，这样会使对方感觉我们既有礼貌又大方。另外，最好使用温婉的语气说话，时刻保持微笑和热情，这样才能让对方产生继续交谈的欲望。

人们通常在情绪特别激动、失控的情况下才会大呼小叫，以表达内心的愤怒和不满；在情绪低落时，人们一般会低声细语。可以说，在沟通的过程中，只要控制好了音量，就控制好了情绪。一个能够很好地控制自己情绪的人，做事必定会有条不紊。

3. 音准

发音不标准不仅会让对方怀疑我们的能力，还有可能闹出笑话。很多比较地道的方言，除当地人外，大部分人是没有接触过的。如果我们使用这些方言，对方听了往往会云里雾里。

张文东之前接触过一位南方人，这位南方人对北方的面食尤为喜爱。

有一次，张文东想向对方推销一款小型的家用压面机。但见面之后，张文东用带着一股东北味的普通话和对方说：

"听说您喜欢面食，我手上的这款压面机就特别好，压出来的面条和手工的拉条子基本没差，口感绝对没的说……"然而，这位南方朋友根本不知道张文东口中的"拉条子"是什么，张文东的方言加普通话让他听得云里雾里，最终没有选择购买。

同样的话，表达的方式不同，达到的效果也不同。很多地方的方言都很有特点，但标准的普通话也是要练好的。标准的发音会让沟通更和谐、愉悦。为了保证发音标准，我们要在空闲时间勤加练习。现在，市面上有许多练习普通话的软件，我们还可以和普通话说得比较好的朋友或同事多交流，让他们给出意见，帮助我们修正自己的发音问题。

8.6 主动展示不利的信息

在沟通时，我们其实可以通过一些技巧消除对方的顾虑。例如，大部分销售员在介绍产品时都会不自觉地说产品的质量有多好。想想也是，哪个销售员愿意说自己产品的缺陷呢？于是，刻意掩盖不足、夸大优势，逐渐成为一种商业习惯。

其实，很多产品都是不完美的，不可避免地会出现一些小问题。当然，为了让对方相信自己的产品非常好是无可厚非的。不过，如果能在沟通的过程中适当承认自己产品的不足，主动展示一些不利的信息，也许可以获得意想不到的效果。

陈斌是一家布料加工厂的销售员。一天，某服装厂的采购经理付先生向他咨询一款针织提花面料。在进行简单的交流以后，陈斌确定付先生需要的这款面料在仓库中有现货。于是，陈斌给付先生发送了报价单。付先生对报价单比较满意，与陈斌约定第二天来看货，并承诺如果合适，则会先进行小批量购买，之后进行大批量购买。

第二天，付先生很早就到了厂里，和陈斌说："这批货要得比较急，虽然花型和之前的有一定差别，但我还是选择了你们厂，因为你们厂能够提供现货。"接着，付先生又问陈斌："这批货的质量怎么样？"

陈斌回答："这批货主要用于出口，质量达到欧美标准，但因为是涤纶加光丝做的，所以偶尔会有钩丝的情况，您看能不能接受。"说完，陈斌把几条布样拿出来让付先生检查，结果的确有两条出现了钩丝的情况，但不会对使用造成明显影响。

回到办公室以后，付先生面带微笑地对陈斌说："本来我这次只打算先看看样布，但你的诚实打动了我，我相信你们货品的质量一定没问题。这批货要得比较急，等下我会让人过来直接把货拉到广州。希望我们以后有更多的合作机会。"

作为销售员,陈斌承认自己的产品既有优点也有缺点。而有些销售员,为了尽快实现成交,会把产品的优点说得天花乱坠,但对于产品的缺点往往闭口不提。在这种情况下,如果客户自己发现产品的缺点,不管销售员做多少解释,都很难挽回客户的信任。

沟通和销售其实是一样的道理。我们不能只和对方说好的地方,而逃避不好的地方。坦诚告知可能存在风险,但也会赢得对方的好感。为了打消对方的顾虑,我们应该主动说一些不足之处,而且态度一定要真诚,要让对方感受到十足的诚意。

需要注意的是,对于对方提出的问题,我们并非都要实话实说。有些问题虽然可以说,但不能全部说;还有些问题不能说或不能如实说,例如商业机密等。对于某些不能说或不好说的问题,我们一定要格外注意,不要为了博得对方的好感就信口开河。

8.7 夸奖别人最好先抑后扬

大多数人都夸奖过别人,也被别人夸奖过。对于夸奖一词,我们并不陌生。那么,让你记忆最深刻的一次夸奖是怎样的呢？有的人可能会笑着回忆起来，说："对方一开始说我的不足，弄得我心惊胆战，后来发现对方是故意的，其实是要'狠狠'地夸我。"

先抑后扬式的夸奖能让人记忆深刻，并使人充分感受到说话者对自己的欣赏。

王春林是一家设计公司的员工。有一次，公司要针对一笔大订单召开全员会议。王春林所在的小组负责其中关键的部分，而他则被指定为小组代表，将上台发言。

在会议的前一天，王春林请领导陈经理帮忙分析自己的发言内容，以便找到不足之处并抓紧时间调整。两人面对面地坐着，王春林开始了他的发言。大约3分钟以后，他发言完毕，而陈经理的脸上始终没有什么表情。

于是，王春林有些忐忑地问："陈经理，您看我的发言有什么问题吗？"

陈经理摸了摸下巴，缓缓地说道："你觉不觉得，你讲的内容太笼统了？"

王春林眨眨眼睛，开始低头思考。

陈经理接着说："而且你的表述不够清晰，有些用词也不够精准。"

王春林有点慌了："陈经理，您得帮我想想办法。"

陈经理微笑着摇了摇头,说:"虽然你只讲了3分钟,但这里面涉及的内容你已经想得很通透了,对吧?"

王春林回答道:"对啊。"

陈经理继续笑着,说:"你觉不觉得,如果要把你的想法完完整整地表达清楚,也许30分钟都不够?"

王春林说:"没错,陈经理。"

陈经理拍了拍他的肩膀,大笑道:"这次是全员会议,你能够在短时间内把自己的想法表达出来就是最好的,其余的部分留给领导提问就好了。所以,即使有些细节你没有考虑到,领导也是不会在意的。"

王春林恍然大悟:"那您的意思是我的发言很好吗?"

陈经理又拍了一下他的肩膀,笑着说:"等着明天接受表扬就行了。"

第二天,王春林超常发挥,得到众领导的高度肯定,甚至超出了陈经理的预期。事后,王春林表示,因为前一天陈经理先抑后扬式的夸奖给了他极大的自信,他才能超常发挥,达到了超预期的效果。

那么,为什么先抑后扬式的夸奖给人的感觉更强烈呢?

第一,听者情绪的起落幅度比较大,可以留下深刻的印象。与"一件好事带来的震撼,一定比不上对方先误认为那是一件坏事带来的震撼强烈"的道理相似，先抑后扬式的夸奖会让人产生更强烈的感受。

第二，先讲不足之处，后讲优秀之处，表示说话者是在进行了充分的思考以后，才得出自己的结论的，这样的结论更能让对方信服。有时，夸奖的方式欠佳，会令对方产生怀疑，而先抑后扬式的夸奖则代表"我是在进行了充分的思考以后，才得出这个结论的"。这样一来，听者就不会有所怀疑，从而更安心地接受夸奖了。

一个确定的夸奖给对方带来的影响是巨大的、深远的。在工作中，下属可能因为领导的一次用心的夸奖，而迸发出巨大的潜力。

陆超是某公司入职不久的程序员，平时负责一些基础性的工作。有一次，一个新项目刚启动不久，就有一位老程序员跳槽了，这导致与他关联的许多工作都进展缓慢。过了两天，杨经理找陆超谈话，希望陆超可以尝试着做一下那位老程序员原来的工作。陆超很高兴地答应了。

陆超接手新任务的第一天是在忐忑和不安中度过的。他不知道自己写的代码与那位老程序员写的代码有多大差距，而且即使功能和需求勉强达成了，也不知道会不会因为质量问题而返工。因此，他决定去找杨经理谈心。没想到，在他找杨经理之前,杨经理先来找他了。

杨经理说:"小超,你今天写的代码我已经看完了。"

陆超见杨经理的脸上没有什么表情,心里更慌了,说:"让杨经理费心了……"

杨经理面无表情地说:"有的地方不符合规范,有的地方可移植性不高。"

陆超自责地看着杨经理,不知道说什么好。

杨经理饶有兴趣地看着他,忽然笑了:"虽然如此,但你的整体思路非常好,甚至超过了之前的老程序员。而且许多难处理的地方,你都用很巧妙的方法解决了,这对新手来说是非常不容易的。"

陆超脸上渐渐露出笑容。

杨经理接着说:"使代码符合规范是非常重要却也非常简单的事,你只要稍加留心就可以了。在可移植性方面,你现在可能还不太熟练,但以你的聪明程度,那也不算什么问题。我最想告诉你的是,你在算法和思路上是很优秀的,这是一个程序员最重要的资质。"

那天之后,陆超在工作上的表现越来越突出,令许多老程序员都佩服不已。后来他自己说,杨经理的夸奖对他的影响很大,如果没有那次的夸奖,那他肯定不会进步得这么快。

可见，合适的夸奖能够鼓舞人心、提升自信。常受夸奖的孩子普遍积极乐观、敢于挑战，常受批评的孩子普遍自卑胆小、遇事退缩。在工作和生活的诸多方面，我们都能看到夸奖带来的诸多益处，而先抑后扬式的夸奖则会让人更有自信，也更让人难忘。

8.8　案例：让对方接受批评的方法

冼志是一家公司的经理，他对待工作非常认真。有一次，他的下属罗启因为疏忽而失去了一笔大订单，冼志把他狠狠地批评了一顿。罗启明白冼志对工作的一丝不苟之心，但仍然觉得自己被批评得太狠了，不应该受到这样的对待。

当天晚上，冼志和妻子说了这件事。妻子问他："你觉得这样对待下属好吗？"

冼志说："30多万元的订单，一下子没有了，批评他一顿不算过分吧。"

妻子说："如果你心平气和、不带责备之意地和他沟通，他难道会不长记性吗？"

冼志想了想，觉得妻子说得很对，自己是因为太生气了才用那种态度批评下属的。理性地看，这种方式确实弊大于利。

第二天，冼志对罗启说："昨天我太冲动了，对你的批评太过分了，希望你别往心里去。"

听到这番话，罗启十分感动，便对冼志说："造成这样的损失，谁都会很生气，我以后一定不会再疏忽，一定不会再犯同样的错误。"

批评是沟通的一种特殊形式，目的是让对方朝着更好的方向发展，是一种有利于对方的行为。但很多时候，批评并不能被对方接受。其实，批评是讲究方法的。表达同一种意思，如果方法得当，则对方会愉快接受；如果方法不当，则对方很可能拂袖而去。

建议与批评从本质上看是相似的，但从"模样"上看大为不同。前者比后者更容易被对方接受。提建议的一个特点是对事不对人，我们只需要指出对方哪件事做错了、应该如何改正，而不需要对对方进行评判。

提建议是为了帮助对方正视错误、改正错误，而不是必须让对方按照自己的方法做事，显得自己高人一等。所以，提建议的态度必须诚恳，要让对方感受到自己的善意。而且，诚恳的态度不会使气氛变得紧张和压抑，有利于对方理性地思考问题。例如，在指出对方的错误时，先表示自己也有过错误和过失，这样对方就会消除一些紧张和不安的心理。

葛芳芳是一家公司的职员。有一次，她上班没有佩戴工牌，恰巧被人事部门的许晓梅看到了。许晓梅毫不客气地批评她："公司强调佩戴工牌不是一次两次了，你怎么这么不长记性？"

葛芳芳那天心情也不好，结果和许晓梅吵了起来。

员工在工作期间吵架的影响很不好，所以这件事很快就惊动了总经理。总经理决定让葛芳芳接受处罚，因为是她先违反公司规定的，但在周例会上，葛芳芳可以表达自己对这件事的想法。到周例会时，大家都以为葛芳芳会气愤地表达自己的不满。没想到的是，葛芳芳微笑着承认了自己的错误，并表示许晓梅的指责并不过分。

葛芳芳在周例会上说："公司强调过好几次，上班期间要佩戴工牌，但我忘记了。通过这次的事，我一定会长记性的。当时我的心情不好，向许晓梅发了脾气，我要对她说一声'对不起'。我想，那天许晓梅一定也是因为心情不好，才用那种语气和我说话的。我不仅没有理解她，还与她争吵，这是非常不对的。"

周例会结束以后，许晓梅主动去找葛芳芳，承认了自己的错误。那次，两人聊得很开心，后来还成了很好的朋友。

葛芳芳先承认了自己的错误,这也是在给许晓梅提建议。她的这种提建议的方式取得了理想的效果。假如她没有先承认自己的错误,那结果很可能就不同了。换个角度来看,葛芳芳就是采用"先自我批评,再批评对方"的方法提建议的。

批评得当,不仅可以让对方正视错误、改正错误,还能拉近彼此之间的距离,有利于人际关系的发展。可见,与不懂得批评的人相比,一个善于批评的人,往往更容易获得他人的认可和好感,也更容易改变周围的环境并获得成功。

第9章
攻破心防：
以柔克刚，击中情感软肋

在沟通中，我们要学会分析对方传达出的信息，读懂对方表达出的情感。一旦掌握了对方的信息，击中了对方的情感软肋，攻破对方的心防就是轻而易举的事了。在具体操作时，我们要掌握一些技巧，例如保持耐心、使用幽默的语言、学会委婉表达、拿自己"开涮"等。

9.1 沟通时必须有耐心

当一个人有不满情绪时,抱怨出来总比闷在心里好。如果我们能够耐心倾听对方的抱怨,就可以发现自己身上的问题。在沟通的过程中,我们要对对方的抱怨表示欢迎,因为这是实现自我提升的良机。例如,很多领导都对自己的下属强调过,要感谢那些投诉的客户。有些客户在用了产品以后不太满意,因怕麻烦或不好意思就没有进行投诉,但心里已经否定了产品,这样不利于公司的发展。我们应该正确对待对方的抱怨,尽量让对方满意。

张昭阳是一家医疗器械旗舰店的客服,面对的客户多半是老年人。有一次,张昭阳给半年前购买器械的客户梁先生打电话询问使用情况。没想到,梁先生的脾气十分暴躁,在接到电话之后就开始抱怨不断、喋喋不休。

梁先生:"我儿子为我买了这台机器之后,我本来很开心,刚开始用起来也很舒服。但4个月之后,机器开始出现故障,时好时坏,用起来很不方便。你们公司居然卖给客户这样的东西,当初承诺得那么好,原来都是骗人的。"

张昭阳:"您先别生气,机器出现问题是正常的,您打过我们公司维修部的电话吗?这样的情况我们是可以免费为您维修的。"

梁先生："当然打过，可维修以后还是经常出现故障。你们的维修员还说是我的使用方法不对，破坏了它的程序。你们公司真的太过分了，竟然把责任推到我的身上。我之前用得很好，只是时间久了才这样，这显然是机器的质量有问题。"

张昭阳："如果我们的维修员表现得不好，请您见谅，我在这里替他向您道歉。那梁先生，我想问一下您是按照说明书来使用的吗？"

梁先生："我不需要说明书，这么简单的机器谁都会用。"

张昭阳："梁先生，其实您可以看一下说明书。说明书中不仅讲了一些大家都知道的操作方法，还说明了每台机器的性能。有些机器如果不按照说明书来操作，其寿命就会缩短，您这台机器可能就存在这样的问题。"

梁先生："那怎么办？我一直都是这样用的。"

张昭阳："梁先生，最近我们公司推出了一个活动，凡是售出半年以内的机器，都可以以旧换新。新机器的价格比旧机器要高一些，但新增了很多功能。而且对于新机器，我们公司实行的是终身保修制，如果您再遇到什么问题可以随时打电话给我。您只需要在旧机器价格 80% 的基础上再补齐换新机器的钱就可以了。这样无论是从经济性还是从使用舒适度来说，对您都是有利的。您看，您对这个活动感兴趣吗？"

梁先生："这个活动还不错，但你们得帮我把新机器送到家里来。我需要试用一段时间，看看还会不会出现上次那种情况。"

张昭阳："您可以先试用。您今天下午方便吗？我们的外勤人员可以把新机器给您送过去，然后拿走旧机器。"

梁先生："那好，就今天下午过来吧。"

张昭阳在面对梁先生的抱怨时，并没有与他针锋相对、争论不休，而是耐心倾听，让他把怨气都发泄出来，等到了解问题之后再去解决问题。之后，张昭阳从梁先生在意的问题着手，合理地推销另一款产品，这样既解决了梁先生的问题，又促成了一笔新交易，一举两得。

因此，在沟通时，即使对方说出一些难听的话，我们也要保持耐心，让对方把心里的怨气先发泄出来。当对方的情绪稳定以后，我们再提出问题和建议，这样会让对方更容易接受，也会获得更好的沟通效果。

9.2　幽默的语言更能打动对方

在人际交往中，沟通高手大多善于使用幽默的语言。幽默的人会更有亲切感，更受大家的欢迎。让对方露出笑容最好的方法就是用幽默的语言改变紧张的氛围。在绝大多数场合，幽默的语言会让我们与对方沟通得更愉快、更融洽，并且让我们更富有人情味，从而使对方敞开心扉，与我们真诚相待。例如，某个不太熟的朋友在聚会时有些紧张，这时，如果我们能说一些比较幽默的话，就会让氛围轻松起来，让那位朋友放松心情，不再紧张。

在工作中，对同事或员工的错误，适当地用幽默的方式来指出，会营造一个轻松的氛围。在这样的氛围里，批评者与被批评者都更易于接受对方的观点。

周一早上，郭华华又迟到了，经理问她："你周日晚上有空吗？"

郭华华开心地说："当然有空，经理。"

经理说："那就请你周日晚上早点休息。"

郭华华挤出一丝笑容，说："好的，经理，我一定听您的指示。"

之后，郭华华迟到的频率果然降低了。

幽默的语言能够有效地拉近人与人之间的心理距离，是人际交往中非常重要的一种形式。当两个人因为同一件事而一起发笑时，其精神会在无形中产生交集。

心理学研究表明，幽默的语言可以让沟通双方产生一种强烈的伙伴感和一致对外的攻击性。如果一个人希望在人际交往中左右逢源、游刃有余，应该让自己善于使用幽默的语言，多与对方产生情感共鸣。而最简单、有效的方式就是双方因为同一件事而一起发笑。

郭志下班回到家以后，脸色阴郁，一声不吭地瘫坐在沙发上。他的妻子韩玉娟问他："老公，你想吃什么？"

郭志没好气地说："吃什么，'吃'你。"

韩玉娟眨眨眼睛，开始在他面前来回地跑。

郭志见妻子跑到额头出汗还不停，就问她："你在这来回跑什么呢？"

韩玉娟眨着眼睛、噘着嘴，说："你不是要'吃'我吗？我在给你'热菜'啊。"

郭志忍不住笑了出来，把妻子搂在怀里，用拥抱表达自己的歉疚。

幽默的语言可以显示出我们的理解和包容，让对方感受到真诚和温暖。幽默的语言还能使双方积极地交往，帮助双方看透一些精神层面的问题。具有幽默感的人常会发现日常生活中轻松而美好的事物，从而形成自己独有的处事风格和生活哲学。

周宇是某公司的一位普通职员。当工作任务繁重时，经理会要求他加班到晚上 9 点。有一天，经理让他加班到晚上 11 点。周宇心生不满，虽然老老实实地照做了，但决定第二天找经理好好谈一谈。

第二天到了公司，经理问："很抱歉，昨天晚上让你那么晚下班，你老婆没抱怨什么吧？"

周宇淡淡地说："没抱怨什么，不过我今天早上出门时，她这样对我说……"

经理问："你老婆对你说什么？"

周宇回答："我老婆说：'老公，你今天还要加班到晚上 11 点吗？'"

经理接着问："那你怎么回答？"

周宇说："我告诉我老婆，今天晚上可能还要加班。"

经理又问："那你老婆有什么反应？"

周宇说："我老婆让我一定要加班到晚上 11 点，不可以太早回去。"

经理哈哈大笑。那天，周宇和经理深谈了一番，经理也觉得让员工加班到晚上 11 点是弊大于利的行为，并承诺以后不会再提出这样的要求了。

我们所在的世界，包含着无数美好与有趣的事物。不同的人有不同的世界观与价值观,而幽默的人以悠然超脱的姿态来待人处世。在严肃的谈话或例行公事般的交往中,双方都戴着伪装的面具,缺乏心灵的交流。这时,如果我们能以幽默的语言打破局面,就可以让对方接触到我们的内心,让谈话氛围变得温暖、融洽。

精神分析学派的开创者弗洛伊德说:"最幽默的人,是最能适应的人。"幽默的语言在人际交往中的作用是十分明显的。它可以连接人与人之间的感情,提升人与人之间的信任度,破除人与人之间的心理屏障。

刘洋家的水管漏得很厉害,厨房积了很多水。修理工在电话中说马上就过来修理,然而两小时过去了,修理工还是没有来。

刘洋给修理工打电话,修理工略带歉意地问:"抱歉,女士,现在情况怎么样了?"

刘洋淡淡地说:"还好,在等你过来时,我的孩子已经学会游泳了。"

修理工虽然有些尴尬,但还是忍不住笑了出来。等到了刘洋家之后,他发自内心地表达了自己的歉意,并且用心地解决了漏水的问题。

刘洋用幽默的语言,既表达了对修理工的不满,又没有让修理工太过难堪，使修理工真心实意地为刘洋家修好了水管。

当我们想表达对某人的不满，又不希望产生更大的矛盾时，用幽默的语言是最好的方式。幽默的人通常心胸开阔，这会使周围的人感到轻松、愉悦。善于使用幽默的语言，可以轻松化解矛盾；善于使用幽默的语言，可以拉近彼此之间的距离；善于使用幽默的语言，可以让人左右逢源；善于使用幽默的语言，可以建立良好的人际关系。

9.3　学会委婉表达，保住对方的面子

很多时候，人们非常看重自己的面子。如果一个人犯了错，而另一个人毫不顾忌他的面子，任意地指责他，那么无论两人之间是什么关系，都会使彼此之间的距离越来越远。

恰到好处地指出对方的错误，态度诚恳地表达自己的意见和建议，会使对方更容易理解和接受，有利于拉近两人之间的距离。

陆云依是某公司的部门经理。最近，公司来了三位新员工，都是刚毕业的女大学生。其中一位叫田瑛，她是一个聪明活泼的女孩，接受新事物的能力很强，但做事不够认真，

缺乏精益求精的态度。在一次工作中,田瑛由于疏忽大意导致项目出错,连累陆云依也被总经理批评了。

这天下午,陆云依召集部门所有员工召开了一次临时会议。在会议上,陆云依说:"我们部门目前负责的这个项目已经接近尾声,这段时间大家表现得都很不错,尤其是三位新员工。他们的工作态度很积极,进步很快。"陆云依见三位新员工的脸上都有一丝笑意,继续说:"但我希望你们不要骄傲,保持住这种势头,未来的路还很长,竞争也会越来越激烈。"

三个女孩用力点头。会议结束以后,陆云依把田瑛叫到办公室,语重心长地对她说:"田瑛,你非常聪明,学习能力特别强,而且活泼开朗。看得出来,你很善于处理人际关系。说实话,我非常喜欢你这样的女孩。"

听到这番话,田瑛有些羞涩地笑了。

陆云依笑了笑,接着说:"但因你昨天的疏忽导致咱们部门的整体计划出现差错,我要对你提出批评。"陆云依见田瑛紧张起来,又说:"认真度不够是问题,但也不是问题,因为这与工作能力无关,是人人都可以克服的。尤其像你这样的女孩,完全不应该因为认真度不够而造成严重的差错。"

田瑛有些愧疚地说:"对不起,陆经理,我以后一定改正。"

陆云依拍拍她的肩膀，笑着说："为了自己的发展，你要及时解决已经发现的问题。田瑛，我期待你变得更加优秀。回到岗位上吧，一会儿我把需要修改的文件发给你。"

田瑛看着陆云依，笑着点了点头。

在整个交谈的过程中，首先，陆云依选择了无第三人在场的空间，给了田瑛一定的安全感；其次，陆云依在工作能力方面对田瑛提出了认可和表扬，让她在心理上与自己更亲近；最后，陆云依用诚恳的态度、委婉的方式指出了田瑛的不足，表达了自己的期望。这样田瑛很容易就能接受陆云依的批评，并认真检讨自己，尽力改正错误，两人之间的距离也更近了。

同一件事情，处理方式不同，产生的结果可能截然相反：也许是"错误改正，能力加强，关系更好，工作氛围更轻松"；也许是"十分抵触，错误不改，关系恶化，工作氛围更压抑"。两者的差别就是对方的感受不同。

只有让人体面，才能让人理性地接受建议的内容，否则即使我们的建议非常好，也只会受到对方的排斥。没有人喜欢被别人不顾忌面子地进行批评，这是人之常情。再理性的人也有情感底线。无论我们的出发点是什么，无视对方的尊严都会触碰对方的情感底线。所以，如果我们不希望彼此的关系变糟，不希望造成"双输"的局面，那么在任何时候，我们都要照顾对方的面子。

甘小艳到某地出差，办完事后，她在街上闲逛，看见一位摊主在卖儿童服装。她被可爱的小衣服所吸引，打算给女儿买几件。就在选好之后准备付款时，甘小艳发现自己身上的钱不见了。当时周围只有她和摊主两人，她想起自己在挑选衣服之前翻过钱包，猜测可能是那时自己不小心把钱掉进衣服堆里了。于是，甘小艳问摊主："姑娘，我身上的钱不见了，你有没有看到？"

摊主说："我没有看到。"

甘小艳想试探一下摊主有没有撒谎，便压低声音说："姑娘，我照顾了你的生意，你不应该这么对我。你在这个地段摆摊，一个月能赚不少钱吧。如果你看到了我的钱，就请告诉我。"她见摊主似有所动，接着说："别人托我买东西，而我因为把钱丢了没买到，没法和别人交代。我看你是一位会体谅人的姑娘，你就帮我找找吧，可能是我不小心把钱掉进衣服堆里了。"

听完这话，摊主有点不好意思地笑了，在衣服堆里找到了钱，面带歉意地还给了甘小艳。

即使面对撒谎的摊主，甘小艳也尽量给足对方面子，让对方心甘情愿地把钱还给了自己。这次的经历对两人来说都是一段不太好的回忆，尤其是对摊主来说，更是一件值得自醒的事。

如果甘小艳采取强硬的方法，可能也会找回自己的钱，但会让摊主失去尊严，甚至可能引来摊主的报复行为。可见，让对方体面是应该遵循的一个交际原则。给予对方更多尊严，可以使双方的沟通更加顺畅。

9.4 拿自己"开涮"其实是聪明的做法

几乎每个人都有过出糗的经历，也会遇到他人出糗的情况。有的人心理敏感，在出糗以后容易慌乱，不知所措；而有的人在出糗以后则可以淡然处之，以合适的方法化解尴尬，甚至会得到他人的赞赏和掌声。显然，我们更愿意做后者，后者更值得我们欣赏和学习。

要想自己的心理不被出糗和失误影响，我们需要调整和改变自己的心态。有的人心理比较脆弱，害怕出糗，希望自己完美无缺，至少给他人的感觉是这样的。不过，大家都应该明白，过于理想化是不现实的，我们没有必要要求自己完美无缺。即使是伟人、名人，也有出糗和陷入尴尬境地的时候；不过，他们善于化解尴尬、调节气氛。

正确认识出糗非常重要。再聪明的人也有犯错的时候，再灵巧的人也有失误的时候。谁都有可能做出一些错误的行为，如果某个人指着你不小心犯的错哈哈大笑，那他的情商一定不太高。

大多数人都会理解出糗的人，希望尴尬持续的时间越短越好。因此，只要出糗的人主动化解尴尬，即使使用的方法并不高明，大家也会用笑声附和。

在某电视台的一次大型活动中，女主持人不小心摔倒在地，台下的观众发出了"压制的呼声"。接着，女主持人淡定起身，自嘲地说道："我的翻滚动作还不够精彩，下面请看更精彩的舞狮节目。"看到女主持人如此精明地救场，观众立即献出了自己的掌声。

擅长自嘲者通常热爱生活，善于在生活中寻找快乐；不擅长自嘲者害怕别人发现自己的缺点，甚至不敢正视自己的缺点。后者给人的印象可能是做作、不坦诚。自嘲是暴露缺点的行为，但也是体现谦虚的行为。某位著名的小品演员从来不回避自己的身高问题，还经常用这个问题开玩笑，制造笑料。如今，没有人会因为他的身高而嘲笑他，相反还会觉得他"心胸宽广、有自信,是一个真正的男子汉"。

自嘲、拿自己"开涮"是化解尴尬的有效方法,是一种高级的幽默。

在公司的一次小型会议上,肖顺利上台为大家讲解自己的项目。可是刚上台,他就发现有几位同事在偷偷地笑。肖顺利顺着他们的目光寻找,发现自己的裤链没有拉好。然后,他嘿嘿一笑,说道:"我今天实在是太蠢了,连这种小事都做不好。不过,我的方案是在我聪明的时候写出来的,大家可以放心。"说完,他便走到桌子后面把裤链拉好了。

会后,大家都认为肖顺利的方案确实不错,而他出糗的事丝毫没有影响到大家对这个方案的认可。后来,有一些与他交往不多的同事也开始主动找他聊天,他在公司的人缘更好了。

懂得自嘲的人反而很少遭到别人的取笑,即使遇到难堪的事,只要恰到好处地自嘲一番,也会让不和谐的因子消散在欢乐的氛围里。人不会因为自嘲而失去尊严,相反还会因此得到更多的尊重。只有自信的人才会自嘲,不懂得自嘲的人通常是缺乏自信的人。他们小心翼翼地让自己不出任何差错,其实这样做是很辛苦的,还有可能适得其反。

在现实生活中，每个人都有可能出糗、被人取笑，而如何对待这类事件则体现出一个人的修养与格调。心胸宽广、有自信的人可能会从容地与人分享自己的糗事，并让所有人都感受到乐趣；狭隘、偏执的人则可能对别人的取笑耿耿于怀，甚至找机会报复。

裘山是某公司的普通员工。一天下午，因为手头上的工作不多，他便趴在桌上睡着了，还打起了呼噜。周围的同事忍不住大笑起来，裘山猛然惊醒。

有同事对他说："你的呼噜打得真有水平。"

裘山居然得意地说："我这可是家传秘方，更高水平的还没有发挥出来呢。"

同事们一阵大笑。

在工作场合，如果我们因出糗而被周围的人取笑，可以用合适的方法让气氛变得轻松愉快，以免在无形中建立一道精神屏障。例如，我们可以通过自嘲让周围的人再次笑起来，营造一个轻松愉快的氛围，从而避免尴尬。

出糗不可怕，大家开心就好。如果一个人风趣幽默，能够坦然地面对自己，他就可以接受自己的缺点、不足和失误。这样的人可以随时调整好自己的心态，善于与人分享欢乐，其人际关系也会更和谐。

9.5 认真倾听对方的想法

有些人擅长把聊天变成争论,他们总是认为自己比对方更有道理,不愿听对方说,这样是不对的。其实,在人际交往中,少说多听才更有意义。

每个人的身边可能都会有这样的人:非常喜欢说话,乐于展示自己的过人之处,一定要让别人感觉他"很牛"。这些人大多是社会阅历比较浅的人,不懂得"讷于言而敏于行"的道理,认为别人对自己的印象好坏与自己的表现程度成正比。

古希腊有一句谚语:聪明的人,根据经验说话;而更聪明的人,根据经验不说话。真正有智慧的人,常常把精力用于倾听。因为他们知道,在大多数情况下,听对方说远比让对方听自己说更好。

例如,当两人发生摩擦时,如果双方都争着表达自己的想法,而无心听对方把话说完,那事情一定会越来越糟,甚至造成无法收拾的局面。而如果一方能够耐心听对方把话说完,认真思考对方的看法,然后给出一个中肯的评价,并解释自己为何与其观点不同,那双方的摩擦很可能会逐渐化解,或许还能增进彼此的友谊。

管莹是某服装店的店长。有一次,店里的导购员和一位顾客吵了起来。她急忙走过去,听到顾客正在说:"不管顾客有什么问题,你都不应该用这种态度和顾客说话!而且你根本就不听我把问题说完!"

导购员毫不示弱,马上就要还击。这时,管莹走到顾客面前,微笑着问:"贵宾,请问有什么可以帮您?"

顾客瞪了导购员一眼,说:"我买的上衣有点掉色,我来问问是怎么回事……"

导购员插嘴道:"这款上衣我们都卖出去几百件了,你是第一个来找的。"

管莹示意导购员不要再说话,先去忙别的事。等导购员走开之后,管莹微笑着说:"十分对不起,这个女孩刚开始工作,还没有接受系统的训练。"

顾客一摆手,说:"我就是来问问为什么掉色,是衣服质量有问题,还是这种材料本身就容易掉色。其实,她只要好好跟我说就行了,结果那个小姑娘的态度竟然这么恶劣。你们在招人时应该注意点,要不然太影响你们店的形象了。今天幸亏是碰到了我,我不和她计较,要是碰到脾气不好的人,她可就倒霉了……"

顾客说了很长一段话,管莹始终微笑地看着他,不时点头表示认可。等顾客说完了，管莹才说："多谢您的理解，我会按照您说的做。您购买的这款上衣刚开始穿确实会掉色，但洗过一两次以后就不会再掉色了，这是正常现象。"

顾客听后，表示明白了，又与管莹闲聊了几句，最后心满意足地离开了。

在闲暇时，管莹对那位导购员说："你平时工作认真细致，我是明白的，今天的事其实也不怪你，那位顾客确实比较较真。但我们是为顾客服务的，只要耐心听他把话说完，我们略做解释就可以了。其实，顾客只是想发泄一下情绪，我们只要耐心倾听就满足他的需求了。"

很多时候，我们没有必要与对方争论，只要静静地听，并表现出对他的认同，就能消除矛盾。在沟通的过程中，双方都希望获得对方的认同，只是这种需求的强弱因人而异。渴望得到认同是人的基本精神需求，人们都希望得到他人的认可和称赞，而不希望被他人反对和排斥。

一般来说，认真倾听是表现认同的最佳途径。当我们认真倾听时，对方会感到被尊重、被认同。对方潜在的情感需求得到满足以后，与我们之间的距离就会大大缩短。

黎娜是某食品公司的一位业务员。有一次，她去拜访某大型超市的采购经理,并认认真真地把自家的产品介绍了一遍。但那位经理没有表现出多大的兴趣。黎娜明白,自己需要另寻突破口。于是,她仔细观察那位经理的办公室,发现最吸引自己的是墙上挂着的一对葫芦。这对葫芦只有拇指大小,鲜红如血,看不出是什么材质的。

黎娜对那位经理说:"好漂亮的葫芦,我之前从来没见过这种葫芦。"

经理回答:"这是鸡血石,是一位朋友送给我的。"

黎娜惊讶地说:"鸡血石?我还是第一次听说,应该很名贵吧?"

经理笑了笑,说:"是的,鸡血石是'印石三宝'之一。这对葫芦现在的价值估计在20万元左右。"

黎娜十分好奇,那位经理也颇为自豪地向她讲解鸡血石的相关知识。黎娜一直专注地倾听,令经理颇为满意,不知不觉过去了20分钟。经理笑着说:"你还是第一个愿意听我讲这么多的年轻人,而且能明白我所说的是什么意思。我真是忍不住要考虑与你们公司合作了。"

当天,黎娜就说服了经理,完成了一笔大订单。

很多时候,与听别人说话相比,人们更希望别人听自己说话;与谈论对方喜欢的话题相比,人们更希望谈论自己喜欢的话题。在沟通时，我们应该适当地把表达的机会让给对方，让对方开心地说自己喜欢的话题。

想成为更受欢迎的人，懂得倾听很有必要。倾听可以满足对方的心理需求，可以提升对方对我们的好感度，可以让我们的人际关系越来越好。与争论相比，倾听可以体现一个人的素质和修养，而素质和修养远比言语上的胜利更重要。

9.6 展现积极、热情、坚强的一面

俗话说"家家有本难念的经"，大家都有烦心事。在与人沟通时，如果对方与我们的关系不是很亲密，又怎么会愿意分担我们心里的痛苦呢？

圣才是一家上市公司的老总，身家高达上千亿元。但刚来北京创业时，他住在地下室，居住环境很差。对他来说，吃泡面是最实惠的，如果饿了就多吃两包。在交通方面，如果不赶时间，他就会选择步行，而不去坐公交。圣才也曾一个人躲在地下室哭过，但哭过之后又用笑脸迎人。

如今，在和别人聊天或接受电视台采访时，他很少说"创业很苦，守业很难"这种话。他把过去经历过的痛苦当

成一种财富。若别人非要问起创业之路的艰难，他也只是说自己享受这个过程。他很清楚，抱怨是没有用的。

让人接受正能量比接受负能量容易得多。情绪是会互相感染的。想象一下，如果我们周围的人整天阴郁着脸，动不动就谈及人生失败之道，那我们会不会觉得自己看到的天空也是灰色的呢？因此，我们要在自己的语言中倾注正能量。

说话诚恳自然，更容易获得他人的认同。很多人希望在与他人的交流中得到认同，却不知道如何得到认同。一些人认为要想得到认同需要使用华丽的辞藻，便开始不分场合地高谈阔论、自吹自擂。但谁会喜欢和一个不切实际的人整天待在一起呢？这样的人获得的很可能是疏远或厌恶。真正懂得用话语打动他人的人，说的话一定是朴实的，他们会用最简单的话语传递最精深的道理。

有一位著名的大学教授，他平易近人、和蔼慈祥，他的讲座在校园里是最受欢迎的，几乎场场爆满。很多学生在上过这位教授的课以后，都感慨自己从来没有把哲学理解得这么透彻。许多复杂的哲学问题，在教授的讲解下都变得没那么晦涩了。教授可以用最简单的生活语言去解释哲学，使学生获益良多。

一位创始人的一段关于种子和树的演讲视频在网上流传很广。他认为，人要像树一样成长。树的种子即使被踩到泥土里，依然能够吸收泥土的养料。种子长成大树之后，人们在很远的地方也能看到它。这时，人们会主动走近大树，而大树也会带给人们一片绿荫。

大树活着时是一道美丽的风景，即使死了也是栋梁，这也是我们做人和成长的标准。这位创始人把人生道理用生活中最自然、最常见的事物来解释，使本来呆板的表述变得活泼、有灵气，让人听起来非常舒服。

苹果公司的创始人史蒂夫·乔布斯在产品演示中也经常力求语言生动活泼。他会说："电脑是我们所能想到的最出色的工具，苹果电脑就相当于 21 世纪人类的自行车。"在接受《华尔街日报》专栏作家沃尔特·莫斯伯格的采访时，乔布斯把 iTunes 称为"这简直就像给一个在炼狱中饱受煎熬的人递上一杯冰水"。

讲话的人可能充满智慧，但倾听的人也许只是普通人。要想成为沟通高手，除了要展现积极、热情、坚强的一面，还要懂得使用最简单、最接地气的语言。

9.7 多一些认同,不让对方有孤独感

"朋友很多,却很孤独"是近几年比较流行的话。有人说,这是因为当今社会科技发展迅速,信息传输十分方便,人们面对面交流的机会逐渐减少。也有人说,这是因为社会竞争越来越激烈,人们都忙着赚钱,与朋友谈心的时间都没有了。这些说法虽然都有一些道理,但还不足以解释开头那一句话。

有些人与朋友见面聊天的机会并不少,并且还有很多无关职业发展的朋友,但他们仍感觉"朋友很多,却很孤独",这是为什么呢?

简单来说,这是因为他们获得的认同感太少。从原始社会起,人类就是典型的群居动物,人们之间需要沟通和配合才能更好地生存。在人类进入文明社会、发明语言之后,沟通更主要的作用则是交流情感、交换思想。沟通是人类的基本需求之一,因为我们天生具有孤独感、不安全感,而且具有强烈的渴望结伴的心理。

但是,当无法获得足够多的认同感时,我们就会陷入"朋友很多,却很孤独"的状态。这时,我们大概率不会对别人讲起自己的孤独感,因为讲了也无济于事。其实,认同

感是一种简单且普遍的心理。"你这条裙子真漂亮""你说得很有道理""你儿子真懂事",这些话就可以给予对方认同感。

在沟通时,即使我们心中不太认可对方,也要适时表现出对对方的认同,这是很有必要的。如果一个人长期得不到他人的理解和认同,那么即使有很多人关心他,他也会有强烈的孤独感。

许菲是一位家庭主妇,她的老公闻海是一位成功的商人。闻海细心专一,对许菲呵护备至。许菲还有许多闺蜜,她们可以经常在一起逛街散心。即使如此,许菲还是感觉越来越孤独。这倒不是因为她不去外面工作,而是因为她没有从闺蜜和老公那里得到认同感。

有一次,许菲的公公婆婆来家里做客。她热情、细致地接待了他们,并得到了他们真诚的夸赞。四人共度周末时,闻海的母亲对闻海说:"小菲既漂亮又贤惠,把这个家打理得这么好,我们怎么没听你夸过人家?"

闻海有些尴尬,说:"我对小菲很好,也很爱她,不用你们操心了。"

许菲笑着说:"是的,妈妈,嫁给闻海是我的幸运。"

母亲说:"小菲,要是闻海有对不起你的地方,你一定要跟我说,不要憋在心里。"

许菲马上解释道:"妈,瞧您说的,闻海对我非常好,您放心吧。"

晚饭时,母亲默默地看着闻海。

闻海有些奇怪,问道:"妈,您看我干吗?怎么不吃饭?"

母亲反问:"这饭好吃吗?"

闻海回答:"当然好吃,小菲的厨艺没的说,妈做的糖醋排骨也是一流的。"

这时父亲开口了:"海子,你知不知道为什么你妈做饭好吃?"

闻海有点蒙了,说:"我妈有天赋,而且做了这么多年,肯定熟练了。"

母亲笑了笑,对闻海说:"我还真没什么天赋,而且年轻时的厨艺比小菲差远了。在你的印象里,我做的饭很好吃,那是因为你爸不仅会关心我,还会赞美我。"

说完,两位老人都大笑起来。闻海明白了,自己虽然对许菲百般呵护,但没有真正走进她的内心,给予她足够的认同感。他转头看着许菲,发现她的眼睛已经湿润了。

闻海抱歉地对许菲说:"小菲,对不起,一直以来,我对你的种种好都习以为常,连一句简单的'好吃'都没有说过。我现在才明白,我是一个多么不称职的丈夫。"

经过两位老人的点拨，这对小夫妻的心连接得更紧密了。许菲的孤独感逐渐消失，闻海也深切地感受到认同感对人来说有多么重要。

心理学家认为，想与他人迅速建立良好的关系，最简单、最有效的方法就是表现出对他人的认同感。

认同他人并非毫无顾忌，需要把握度。当一个人把认同演变为奉承、谄媚时，不仅不会得到对方的好感，还会使对方感到厌烦。即使对方没有表现出厌烦的态度，但在心中也会把这个人放在比较低的位置。

表达对对方的认同是需要控制和管理的。有时，我们只要点头和微笑就可以很好地表现出对对方的认同，而刻意说一些话则有画蛇添足的意味。一般来说，真诚地表现出对对方的认同就是最好的做法。即使在短期内，对方不确定我们的认同是否真诚，但时间久了一定会相信并珍惜我们的这份认同。

虽然大多数人都需要认同感，但能够明确表达出这种需求的人不多。如果我们想拉近彼此之间的距离、提升彼此之间的亲密度，就要了解并满足对方的这种需求。

9.8 案例：演讲者如何攻破听众的心防

在演讲时，一个好的开场能够迅速引起听众的兴趣，攻破听众的心防，也有利于为后面的演讲内容做铺垫、活跃现场的气氛。那么，演讲者如何做好一个开场呢？可以参考以下三种方式。

1. 以主题句开场

一般来说，演讲的时间是有限制的，所以演讲者在开场时应当直奔主题。演讲者可以将主题浓缩为一句话，起到提纲挈领的作用。

在某个人生活小家电产品招商大会上，招商人员刘明在面向代理商的演讲中这样介绍主题："小家电产品要想打破常规、取得突破，得分两个步骤——发现问题，解决问题。"刘明表示，其公司的空气净化仪就是通过"发现问题，解决问题"这两个步骤来研发的。接下来，刘明的演讲围绕主题展开，整个过程十分精彩。

以主题句开场的方式将演讲内容清晰地展示出来，能够达到不错的开场效果。在主题句的选择上，演讲者可以使用较为简明的句子，因为复杂的句子会让听众听得一头雾水，抓不住重点。因此,在实际的演讲中,演讲者可以采用这种以主题句开场的方式,不断进行练习并积极地将其应用到实践中,以便为演讲增色。

2. 以排比句开场

演讲的开场方式灵活多样,除了以主题句开场,演讲者还可以尝试以排比句开场。以排比句开场可以增强演讲者的气势、烘托演讲的气氛,让听众在听到演讲之初,就被演讲者鲜明的风格吸引,从而达到良好的演讲效果。

赵航来自一家女装设计公司,他曾经在一场演讲中就运用了排比句开场的方式。赵航这样说:"未来,想在制造业闯出一番天地,产品的优势必不可少,品牌的优势必不可少,管理的优势更必不可少。要问这三种优势我们公司是否具备,答案必须是肯定的。"

由以上演讲的开场可以看出,使用排比句除了能增强演讲者的气势、给人留下深刻印象,还能起到提示下文的作用。演讲者可以先将演讲的主题浓缩为一句排比句,再在后续的演讲中对具体内容进行展开描述。

与以主题句开场一样,以排比句开场也能对整个演讲进行概括。演讲者可以在平时多加练习,以吸引更多听众的注意力。

3. 以展示物开场

在演讲开场的过程中，演讲者还可以用一件展示物引出后面的内容，即先吸引听众的注意力，再把这件展示物"扣"到演讲的主题上。这种方式可以使演讲更加生动、形象，引起听众的兴趣，而且演讲者手里拿着展示物进行演讲会达到很好的讲解效果。

张萌萌在演讲时将公司的羽绒服样品作为展示物，详细地对其设计理念进行了介绍。此外，张萌萌还对羽绒服内的填充物进行了展示，表示这件羽绒服是用高级白鹅绒制成的，既轻便又保暖，可以抵御零下32摄氏度的严寒。最后，张萌萌将自己公司的羽绒服和其他公司的羽绒服进行了比较，说明了无论是质量还是价格，自己公司的羽绒服都更有优势。

由此可见，以一件展示物开场的方式也可以很好地吸引听众的注意力，攻破听众的心防。特别是当展示物和演讲的主题相关度比较高时，听众甚至可以直接通过展示物了解演讲的内容，进而对演讲的内容有更深刻的了解。

第 10 章
原则至上：
科学沟通的六大原则

当今社会，沟通无处不在。沟通是一种策略，可以解决工作和生活中出现的种种问题。沟通不仅会耗费一定的时间，还是一个比较艰难的过程，需要双方用心对待。作为沟通的主体，我们需要掌握一些原则，包括好感原则、稀缺原则、让步原则等。这些原则既可以使我们的沟通顺利进行，也可以让我们赢得对方的心。

10.1 好感原则：发现对方的过人之处并衷心赞美

"每个人都是独一无二的"，几乎所有人都听过并且赞同这句话。那么，一个人的"独一无二"体现在什么地方？每个人独一无二的地方可能有很多，因为每个人的经历和回忆都是无法复制的。没有无缺点的人，也没有无优点的人。每个人都有过人之处。我们在与他人沟通时，发现对方的过人之处并将其作为切入点通常会取得不错的效果。

杨立是某大学的研究生，要做一个非物质文化遗产方面的研究项目。在实际操作时，他需要一些特殊的资料，而这些资料只有一位教授手里有。那位教授常年做非物质文化遗产的保护工作，但他的脾气古怪，许多学生都曾被他骂得"体无完肤"。

杨立的师兄劝他把项目改动一下，最好不用那些资料，因为那位教授不可能把资料借给他。两周之后，师兄看到杨立一脸兴奋地抱着大量的资料回来了。对此，师兄既惊喜，又很意外。在细细盘问之后，师兄对杨立说："你能借到资料是应该的。"

原来，杨立把教授发表过的主要文章和出版过的书都粗略地看了一遍，选出几个自己感兴趣的课题进行了深入思考和总结，并想了几个有深度的问题。在联系教授时，杨立以读者向作者发问的方式向教授请教问题。教授认为他提的问题不错，就邀他见面细谈。

见面以后，两人聊了一个多小时，教授从开始表情严肃到最后哈哈大笑。杨立顺带说了自己正在研究的课题缺少某些资料。教授主动表示自己可以提供这些资料，并为能帮助到杨立感到高兴。当天晚上，教授还执意请杨立吃饭。

发现对方的过人之处并将其作为切入点，会让对方更容易提起兴趣，更容易接受沟通并希望继续下去。一个人有可能因为对方提他的短处而不高兴，但通常没有人会因为对方提他的长处而不高兴，并且大多数人都喜欢在自己擅长的方面多聊一些。

这是什么原因呢？一个原因是，对方擅长的方面通常也是对方喜爱的方面，即对方的兴趣所在，提这一方面无疑会让对方产生沟通的欲望。还有一个原因是，人们都喜欢被重视。对同一个人来说，也许不同的人说出相同的话，产生的效果也不一样。但无论说话者的身份是高是低，对方都更喜欢被重视，而不喜欢被轻视。与对方交谈时，提到对方的过人之处，会让对方产生被重视的感觉，这也是最自然的表示重视对方的方法。

王小娟是某公司的新员工,李欣是她的前辈。王晓娟刚刚入职,想与周围的同事处好关系。其他同事都比较热情,只有李欣看上去比较冷漠,似乎从来不主动和别人聊天。有一次,王小娟要去超市购物,正好看见李欣在前面不远处,似乎也要去那家超市。

于是,王小娟立刻追上去打招呼:"李姐,你也去超市购物吗?"

李欣笑了一下,说:"是的。"

王小娟用羡慕的眼神看着她的脸,说:"李姐,你的皮肤这么好,是怎么保养的,有什么秘诀吗?"

李欣笑了,说:"哪有什么秘诀,只是运气好。"

王小娟继续问:"运气好?什么意思?"

李欣说:"一个人的皮肤、身材、发质等,都和基因有很大关系。我没有怎么保养,皮肤就这么好……"说着说着李欣就笑了起来。

王小娟做恍然大悟状,分享了一番自己保养皮肤的惨痛经历,惹得李欣咯咯直笑。一路上两人又聊了很多其他方面的话题。

后来,王小娟听说李欣是一个很难沟通的人,有的同事还觉得能和李欣聊得来的人肯定特别厉害。王小娟知道自己只是发自内心地认为李欣的皮肤好并表达了出来。可见,即使是李欣这种难沟通的人,在王小娟真诚地向她讨教过人之处时,也会露出微笑,耐心回答。这时,李欣的心里可能会有一丝得意、一丝愉悦。接下来,在王小娟的带动下,李欣便会沉浸在愉快的聊天氛围中,渐渐地,就会对王小娟敞开心扉了。

发现对方的过人之处并将其作为切入点,可以提升对方的情绪投入度,有利于营造融洽的沟通氛围。每个人都有很多过人之处,即使我们只发现了其中一个,也能够以此为切入点,与对方进行一次愉快的聊天。

10.2 稀缺原则:营造强烈的紧迫感

俗话说"物以稀为贵",当人们感觉某个东西开始缺乏时,就会有一种害怕得不到的紧迫感。针对这样的心理,商家会推出限量发售活动,向人们传递"再不买就没有了"的信息。这时,人们往往会进行"疯狂购物",就算该产品的价格比同类产品的高一些也乐此不疲。

例如,当消费者遇到换季清仓大甩卖时,往往会表现得很积极,即使自己并不十分需要这款产品,也想立即购买。这是因为甩卖产品的数量有限,他们必须在产品被抢光之前下单,否则"过了这个村,就没这个店了"。

孙小金是一家运动器材公司的销售员,准备向客户杨经理推销运动器材。在与杨经理寒暄之后,孙小金开始介绍自家的运动器材。

杨经理:"不好意思,目前我还没有购买运动器材的打算。以后如果有需要,我一定会给你打电话,把你的名片留下怎么样?"

孙小金知道杨经理在下逐客令,赶紧递出自己的名片,然后说:"听说您的母亲要过生日了,刚才我还在小区里见到她,她的身体状况看上去很不错。"

杨经理:"我母亲虽然平时保养得很好,但毕竟上了年纪,身体也是大不如从前了。"

孙小金:"老人确实需要好好保养,平时要多做些运动才行,这样既能增强身体的抵抗力,又可以保持好心情。"

杨经理:"以前她倒是经常锻炼身体,可现在不行了,稍微一运动就觉得累。我现在最担心的就是我母亲的身体了。"

孙小金:"我们公司的这款运动器材正好适合老人使用,它的运动幅度不是很大,用起来安全方便,可以帮助老太太锻炼身体。再说老太太正要过生日,如果在这个时候送她这件礼物,不正是祝她健康长寿的意思吗?"

孙小金顺势把这款运动器材的功能和优势说了出来。在看到杨经理已经流露出购买的意愿以后,孙小金说:"您想想,如果您不能在母亲过生日时送她一件有意义的礼物,那她一定会感到很失望。我们的运动器材既实用,又能让她感受到您的孝心,一举两得。这款运动器材我们公司只剩下三台了,如果您现在不买,等想买的时候恐怕就已经售完了。等公司总部发新货过来,至少也要半个月的时间。要是错过了您母亲的生日,那岂不是太遗憾了!"

杨经理:"好吧,我现在订下这款运动器材。等我母亲生日那天,你再送到我家里来,我想给她一个惊喜!"

孙小金巧妙地运用善意的"心理加压",从情感的角度出发,暗示杨经理如果不买这款产品将是很大的遗憾。同时,孙小金告诉杨经理只剩下三台运动器材,再发货至少要半个月,让杨经理产生了危机感。孙小金的"心理加压"恰到好处,既为杨经理考虑到家庭问题,又表现出对杨经理母亲身体状况的关心,这样更容易让杨经理下定决心购买。

我们想要通过营造紧迫感说服对方,可以这样表达:"这是最后一个机会了,希望你能把握住这个难得的机会,否则明天我想帮你可能都无能为力了。"通过这种方法让沟通更顺畅是可行的，不过一定要把握好度，不能说太过分的话。

10.3　让步原则：巧妙平衡付出与回报

某协会的组织人员决定对会员进行一次全面普查，但不得不考虑的一个阻力是，如何引起会员的重视。于是，他们决定采取措施增强问卷调查的效力。他们首先想到使用物质奖励的方法，看看物质奖励是否能提高会员接受普查的意愿。

他们随机抽取了一组受访者，要求对方完成问卷，但是没有任何奖励。结果正如预想中一样，只有20%的受访者完成了问卷。第二组受访者在完成问卷以后可以得到60元的奖励。这一次同样出乎他们的意料，完成问卷的受访者并没有比之前增加多少。

这是什么原因？他们认为可能是奖励不到位。不过第三组的调查结果彻底改变了他们的想法：即使只有1元的奖励，完成问卷的受访者还是达到了40.8%。这样的结果似乎不符合经济学理论，因为1元远远少于60元，甚至根本称不上是奖金。为此，经济学家打算做一个标准的经济学模型。

与经济学家不同，沟通专家注意到，由于1元在大多数人眼里不是奖金,而是一种单方面的让步、一种额外的惊喜,所以才让受访者感觉到自己有必要完成问卷。可见,只要做出一个小小的让步,甚至小到微不足道,就可以达到意想不到的效果。

很多时候,即使我们只做出了一些微小的让步,对方也会对这个让步进行回馈——答应与我们合作,或者对我们的请求表示同意。在沟通中,我们可以通过以下几种方式做出让步:将见面时间和地点的决定权交给对方;在到达见面地点之前,为自己和对方买杯咖啡或买份甜点;以同意对方提出的一些小要求为切入点,进行实质性的沟通。我们的让步越明显,对方越会为此做出实质性的回馈。

人们在估算一款产品或做一件事情的成本时,往往存在一定的主观性——将自己的判断建立在一个显著的参照点上。例如,当推销员终于说服顾客花几十万元购买一辆汽车以后,他基本上对推销汽车附件的兴趣不会太大。因为与大笔的汽车款相比,劝顾客花几百元买一款车用地毯或防刮油漆根本不算什么大买卖,说不定顾客还会要求赠送。而且,如果顾客已经买了一辆汽车,推销员却还要以原价推销车用地毯或防刮油漆,那顾客很可能不会给推销员好脸色看。

这揭示了另一个道理，即人们不仅对自己花了多少钱十分在意，还关注这笔钱花得是否划算。

但是，一味地让步不一定总是可行的。举例来说，假设你一直在努力争取一笔汽车销售的订单，报价是 25 万元，而顾客给出的价格是 23 万元。起初，双方都坚持自己的报价，后来，随着沟通的深入，你还是决定退后一步，毕竟做成生意要紧。

于是，你把报价降到了 24.5 万元，而对方也同意把报价提高到 23.8 万元。接下来应该怎么办呢？可能你也知道，如果这时你再让一步，对方大概率会接受。

但你必须记住，千万不要这么做。这时，你反而应该告诉对方："既然这样，我想这恐怕行不通。"你一定会感到疑惑：为什么明明为了这笔交易耗费了这么长时间，眼看就要达成了，却突然停止合作？而且这时的决不让步，很可能会让对方感到难为情。

不要着急，接着往下看。你可以继续说："要知道，我们之间的分歧只是区区 7000 元而已。"也就是说，你应该不断向对方强调双方已经在这笔交易上投入了大量的时间和精力，如果只因为 7000 元就放弃，那会是一件很遗憾的事。而如果你一味地让步，对方可能会得寸进尺，结果反而达不成交易。

最后，你可能听到对方说："既然这样，为什么不彼此再让一步呢？"然后你可以假装思考一阵，顺势说："我现在的报价是 24.5 万元，您给的价格是 23.8 万元。不如我们彼此再让一步，怎么样？"这时，让对方先提出让步，你再表示同意，会更容易达成交易。

对方很可能回答："我能够接受 24.2 万元的报价，如果你同意，那我就买了。"就这样，双方在彼此让步的情况下达成了交易。你卖出了汽车，而对方也买到了自己心仪的汽车，可谓两全其美。这就是让步的巧妙之处。

10.4　一致性原则：寻求共同的利益

如果只用一个词语描述 10-1 所示的这幅图，最常见的可能是：一个黑点。但根据统计可知，在看过这幅图的人中，写出这个答案的只有约 33%。第二个常见的答案是：一个黑色的圆圈。写出这个答案的人约有 18%。其他的答案则五花八门，包括"空白""左上角""靶子""目标""血滴"等。

图 10-1 "黑点"图

为什么一幅简单的图会让人产生千奇百怪的联想呢？因为每个人都是独立的个体，其兴趣点、价值观及情感构成都有别于他人。因此，一幅图对每个人产生影响的因素有所不同，并且每个人体验和观察到的信息也不同。通常情况是，我们会根据自己的经验和体验，自行忽视或剔除那些不符合我们要求的信息。这在沟通中表现为，有选择性地收集有利于支持自己观点的论据。

此外，人的记忆是有选择性的。记忆会在无形中对人的观点产生巨大的影响。因此，缩小各方在认识和看法上的差距，也就意味着能够在相当大的程度上减少冲突和矛盾。在这方面最有效的方法是，让对方觉得我们与其有很多一致之处，这样会让对方对我们的好感度迅速提高。例如，如果对方说到"击球动作很帅"，那么之后在我们提到"很帅的击球动作"时，对方就会感觉我们的语言结构与其相似，对我们的好感度也会有所提高。

在沟通的过程中，如何调整话题与表达方式是复杂且微妙的。不过，逐渐增加彼此的精神交集是唯一的目的。例如，在球的话题上，对方已经不想再聊，需要换一个其他的话题，这时我们就必须考虑到"其他属性"。如果对方正打算换车，那么把话题转到车上，对方也会很愿意聊；如果对方有孩子，那么对方也会对照顾孩子的话题有兴趣。

轻松愉快的交流环境容易提高对方对我们的好感度。有的人与我们性格相似、爱好相近，那么双方就会较为容易地形成轻松愉快的交流环境。但有的人与我们的性格差异较大，甚至在有些方面互相矛盾，想要获得这些人的好感，应该怎么做呢？

很多时候，我们可以通过"提高自己与对方的相似度"这一方法来提高对方对我们的好感度。例如，如果对方在某个话题上的状态明显不一样——变得兴奋、激昂，那么我们也可以把自己调整为兴奋、激昂的状态，这样对方会更认同我们；如果对方在某个话题上很沉默，一副不想聊的样子，那么我们也可以把自己调整为这种状态，然后想办法换一个对方可能感兴趣的话题。

李寒山是某机械厂的业务经理。有一次，他去拜访某汽车公司的采购经理。两人在办公室见面之后，李寒山为对方做了基本的产品介绍。对方虽然没有表现出太大的兴趣，但是也在认真听李寒山介绍产品，并没有表现出不耐烦的态度。

　　这位采购经理在了解完产品之后，主动询问李寒山国内机械行业的发展情况。李寒山猜到对方可能对这方面感兴趣，于是简单地介绍了国内机械行业的现状和自己对这个行业的理解。但是在闲聊的过程中，他发现对方的兴致并不高，似乎不是很想聊这方面的话题。

　　李寒山明白了，刚才对方只是礼貌性地提了提机械行业的话题，其实对这方面并不感兴趣。于是，李寒山把话题从机械行业发展转到国产汽车的发展上，问道："刘先生，我觉得咱们国产汽车的发展速度越来越快，连欧洲国家都开始进口我国的汽车，您看我国的汽车有没有希望超过日韩，成为亚洲第一呢？"

　　李寒山知道自己的这种问法很不专业，但是觉得对方可能有兴趣谈论这个话题。果然，这位采购经理从专业的角度进行了解答，让李寒山彻底明白了这个问题。而且，对方很高兴地与李寒山进行了进一步的交流，双方在产品采购问题上达成了一致意见。两天后，李寒山获得了这家公司的订单。

假如李寒山一直在机械行业的话题上聊，那么此次交谈就会以无聊收场。虽然这个话题是对方提出来的，但是对方的兴趣点并不在此，也许对方对李寒山的产品有些兴趣，但是不愿主动表现出这种想法。李寒山聪明地把话题转换到对方感兴趣的方面，即使自己的见解很不专业，但是仍然成功地调动了对方的兴致，形成了轻松愉快的交流环境，最终促成了交易。

当我们想获得对方的好感时，需要让自己保持在一个"可调整"的状态。话题、态度、情绪、表达方式……都是可以调整的。只要不让对方觉得不自然，我们就可以通过随时调整自己来达到收获对方好感的目的。

10.5 从众原则：突出大多数人的想法

从众是很多人都会有的一种习惯，这些人往往缺乏主见，经常模仿别人的行为。最典型的就是因为网购的发展而越来越火爆的"双十一"购物节。在"双十一"购物节时，很多人都会有追随的行为，即看到身边的朋友买了各种各样的产品，自己也不甘示弱，希望跟上潮流，这样似乎更有安全感，如图 10-2 所示。

图 10-2 "双十一"购物节与从众

由此可见,从众的内涵其实是:其他人都这样做了,如果我不这样做,就是在"搞特殊",很可能落得一个"枪打出头鸟"的结果。在这种情况下,假设我们想与人沟通,就可以从"从众"这一习惯入手,进而达到最终的目的。

张悦是一家电器商店的销售员。在销售的过程中,她摸索出了很多与顾客沟通的方法和原则,而从众原则就是其中非常重要的一个。那么,张悦究竟是如何应用从众原则的呢?下面我们通过一个实例进行详细说明。

某天,有位顾客看中了张悦公司的两款不同的空调,但是他只想买一台,不知道应该如何选择。这时,张悦就应用了从众原则,完美地解决了顾客的问题。

张悦:"您好,您决定选择哪台空调了吗?"

顾客:"还没有,我觉得那款新型空调非常不错,但是价格实在太高;另一款经典空调也还可以,不过款式有些陈旧。"

张悦:"我理解您的想法和顾虑,其实您不需要这么为难。新型空调在市场上十分受欢迎,来我们店里买空调的顾客有 90% 都会选择这款。我自己家里使用的也是这款新型空调。它不仅特别省电,而且不容易坏。"(应用从众原则,将话题转移到使用人数上。)

顾客:"你自己家里也在使用这款新型空调吗?"

张悦:"对啊,是我妈妈买的,不过在她在买的时候这种新型空调还没有真正流行起来。"

顾客:"原来如此。买这款新型空调的顾客真的很多吗?"

张悦:"当然是真的。我们这里一共有 50 台新型空调,刚摆上就已经被预订了 30 台,未来几天还需要大量补货,因为剩下的 20 台根本无法满足需求量。"

顾客:"那我也买这款吧,不过价格方面还能再谈一谈吗?"(顾客受到张悦的影响,从众原则发挥效用。)

张悦:"价格方面请您放心,因为这种新型空调刚刚上市,所以肯定有优惠。"

顾客:"好的,那这款冰箱有没有现货呢?"

张悦:"不好意思,已经没有了。如果您需要,我可以帮您预订,只需多等几天就可以了。"

顾客:"嗯,那麻烦你帮我预订一台。"(成功应用从众原则,交易马上完成。)

张悦:"没问题,您这边请,我先给您办理预订手续,到货以后马上给您送上门。"

顾客:"好的,谢谢你。"(交易正式完成,双方达成一致意见,沟通成功。)

需要注意的是,在应用从众原则时,我们要守住底线,千万不要欺骗对方,否则只会让沟通的效果更差。

虽然大多数人都很佩服"第一个吃螃蟹"的人,但是自己并不想做"第一个吃螃蟹"的人,所以通过从众原则完成沟通确实有一定的道理。

10.6 期望原则:尽可能满足对方的心理需求

当今社会经济高速发展,竞争压力越来越大,生活节奏越来越快,人们越来越容易产生心理问题。人与人之间的大部分沟通行为,都是为了缓解精神上的压力,满足潜在的心理需求。我们与越来越多的人打交道,可能其中一大部分是关于工作方面的，一小部分可以放松、随意地闲聊。无论哪种，我们都有必要了解对方的心理需求，并尽量予以满足。

在非正式的沟通中，双方谈论的话题一般比较随意，更容易营造一个轻松愉快的氛围。在这种氛围里，对方的语调、表情、动作等都会传达出很多信息。我们将这些信息综合在一起，就会渐渐了解对方的个性和心理需求。

如果对方在讲话时情绪高涨、表情丰富、肢体动作多，就说明对方的表现欲强，也希望我们投入其中，并被深深吸引。此时，我们可以通过投射专注的目光、带着思考点头和微笑，以及对不明之处进行追问等方式，极大地满足对方的心理需求。

话不多、专注倾听、时常语出惊人，这类人通常善于思考和分析，可能会希望我们对内容有所思考，并给出认同和赞美；镇定自若、善于引导话题方向、善于批判和争辩，这类人的上进心和控制欲比较强，可能会希望我们追随其思想方向、认可其观点，使其有领导者的感觉；态度温和、笑口常开、善解人意，这类人善于调解矛盾，亲和力强，可能会希望我们夸赞其性格，降低自己的心理防线，用真诚之心与其相处。

吴玉梅和蒋丽既是好同事，也是好闺蜜。有一次，两人与另外两位同事余靓和谢巧相约在周末逛街。在闲聊时，大家谈到了老公与家庭的话题。

吴玉梅说："我老公为了应酬，每天都很晚回家，周末还要陪客户打高尔夫球，也不陪陪我和孩子……"

余靓说："就是，有的男人为了事业都不顾家人了，真是有些过分。还好我老公是一个顾家的好男人，要不我才不嫁给他。"

听到这番话，吴玉梅的脸色有点难看。蒋丽笑着说："这种事情不是咱们能讨论明白的。其实我倒是觉得，玉梅的老公已经很好了。他为了提高家人的生活品质，一直在努力工作，连周末都要陪客户打高尔夫球，不仅说明他的事业蒸蒸日上，而且说明他的家庭责任感很强。"

听到蒋丽的劝解，吴玉梅露出了笑容。余靓和谢巧也附和道："没错，玉梅的老公是最有前途的。"

听到这儿，吴玉梅的心情更好了，也说了一些夸赞余靓老公的话。

蒋丽知道吴玉梅真正的心理需求，就是希望大家认可她的老公，羡慕她的生活。如果大家不明白吴玉梅的心理需求，以为她真的在抱怨老公，那么四人聊天的氛围会越来越僵，最终大家的心情都不会太好。

在沟通的过程中，对方传达出的信息除了包括语言本身的意思，还包括语调、表情、动作等。如果我们能够充分理解这些信息，就能准确了解对方的心理需求。从心理学的角度来说，一个人的心理需求是十分复杂的。如果我们能够挖掘出对方更多的心理需求，并且予以满足，那么对方一定会享受与我们聊天的过程。

如果一个人平时衣着朴素、为人低调，但某天突然衣着光鲜、高调张扬，那么说明这个人很可能决定改变自己，或者平时是在压抑自己，如今得到了释放。为了避免误会，我们需要循序渐进地与其交流，确定对方的情况后，再有针对性地表达自己的看法，满足对方真正的心理需求。

了解和满足对方的心理需求，既可以让彼此的压力得到缓解，也可以让我们获得良好的人际关系。

10.7 案例：妻子与丈夫之间的博弈

无论在何种交流环境中，参与谈话的人都不能保证自己永不失言、永不犯错。当我们说出伤害对方感情的话时，如果对方并不是与我们针锋相对，而是想办法改善我们的情绪，那么当我们冷静下来时，一定会非常感谢对方。同理，无论何时，我们都没有必要抓住一个人的错误不放。

付东山和姚雪结婚已经两年，为了给孩子创造优越的成长条件，他们越来越忙，压力也越来越大。某天，付东山陪完客户回到家，直接倒在沙发上，说："真是太累了……"

不料，姚雪指着他气冲冲地说："我刚换好的沙发罩就被你的一身臭汗弄脏了，赶紧去洗澡！"

付东山有气无力地说："让我再歇几分钟……"

"不行，你快起来！沙发罩都被你弄脏了！"姚雪的声音越来越大。

付东山叹了一口气，拖着疲惫的身体去洗澡了。

到了晚饭时，付东山称赞道："小雪，你的厨艺越来越好了。"

姚雪脸上露出一丝得意，问："这是你的真心话吗？"

付东山回答："当然，我只是陈述一下事实。"

姚雪很开心，说："那你多吃点，你今天也挺累的。"

付东山用撒娇的口气说："累死你老公了，最糟糕的是回到家还要挨批评。"

姚雪想起了下午的事情，笑嘻嘻地说："我有时乱发脾气，幸好你宽宏大量。"

付东山搂住姚雪,说:"小雪,你知不知道我下午差点就要生气了。"

"老公我错了,我接受你的批评。"姚雪扬起脸看着他。

付东山说:"老婆你没错,你只是爱护家中卫生。"

那天晚上,两人聊了很多,互相表示要更加理解对方、关心对方。经过这次沟通,夫妻俩的感情更深了。

其实,人难免会犯错,理性的人与善于沟通的人都明白,与抓住对方的错误不放相比,默默地传达自己的理解和尊重会更好。

林强和夏芳是一对夫妻,两人的厨艺都不错。有一次,夏芳在厨房做饭,林强在旁边不停唠叨:慢点儿;小心,水别洒了;轻点儿,别把菜铲飞了;油太少了,别糊锅……

"哎呀,你什么时候变得这么唠叨,我又不是不会炒菜……"夏芳忍不住冲他大嚷。

"你当然会炒菜,我只是想让你知道,在我开车时你在旁边不停唠叨,我是什么感受。"林强委屈地说。

夏芳忍不住笑了出来:"哈哈,我知道了……"

之后,夏芳唠叨的次数果然减少了很多。林强用幽默的语言让妻子笑着接受批评,取得了理想的效果。

幽默能让夫妻之间相处得更轻松、更和谐,能让双方在轻松愉快的氛围中解决问题。如果妻子或丈夫善于用幽默的语言化解摩擦和矛盾，那么婚姻生活一定会更美好。这在人际交往中也是一样的。

第11章
善用技巧：
如何变身为"沟通大师"

随着时代的发展，人们总结出了很多新型的、非常实用的沟通技巧，例如占据主导地位，抓住优势；运用肢体语言，提升感染力；关注对方的回应，做有效沟通等。沟通的根本目的是通过双方的努力，找到并达到双方的需求结合点。借助一些沟通技巧，双方可以在沟通中获得满足感，从而得到双赢的结果。

11.1 占据主导地位，抓住优势

在所有的沟通技巧中，强有力的一条是占据主导地位，抓住优势。我们可以明确地告诉对方："如果你不能给出我想要的东西，那我就不再继续沟通。"在态度上强于对方，占据主导地位，这种方法可以快速地提高我们的沟通能力。

戴安娜看上一辆汽车，打算买下它，作为自己人生中的第一辆汽车。那是一辆各方面看起来都不错的二手汽车。从看到那辆汽车的第一眼起，戴安娜就非常喜欢。她找来自己的朋友（一位沟通专家），与汽车经销商展开了一场艰难的沟通。

在途中，朋友问戴安娜："你打算今天空手而归吗？"

戴安娜回答："不，绝对不行，我非常想要那辆汽车，今天一定要买。"

朋友说："要是这样，你还是接受对方的价格吧，因为在开始沟通之前，你就已经输了。要想谈成一个合适的价格，我们必须做好空手而归的准备。"

在正式沟通时，朋友和戴安娜两次离开汽车展厅，最终以降价 2000 美元的结果成交。通过两小时的沟通，戴安娜省下了 2000 美元，这几乎是她当时月薪的一半。

第 11 章 善用技巧：如何变身为"沟通大师"

占据主导地位其实是要给对方制造一个假象，让对方相信，即使对方不让步，自己也能随时找到更好的替代方案，或者干脆一拍两散，不做交易。

在沟通中，拥有更多选择的一方通常占据更大的优势。因此，当我们认为眼前的这款产品正好符合自己设想的所有条件时，一定要多看几款不同的产品，找出自己同样喜欢的其他产品。这样，我们在与销售员讨价还价时，就会发现自己有更足的底气。

在此之前，我们可能会想："只有这款产品是最合适的，我一定要得到它。"而拥有更多的选择之后，我们可以告诉自己："即使价格谈不拢，我也可以考虑其他的产品。"当然，这样做并不代表一定不会购买第一款产品，而是如果我们拥有更多的选择，我们在沟通中的底气就会更足，获胜的概率也会更大。

如果我们打算从某个人手中购买一辆汽车，那我们首先要找到两辆自己同样喜欢的汽车。此时，如果卖家只遇到了我们这一个买家，而我们心中又有三辆汽车可以选择，那么毫无疑问，我们会主导这场沟通。但需要注意的是，不能采取强硬的语气，要保持语气温和。这是因为我们并不是真的要拒绝沟通，而是要让对方感受到我们可以随时结束这场沟通的压力。

如果我们采取强硬的语气,则很可能让对方感到难堪。因此,不要这样说:"我的条件就是这样的,你要么接受,要么结束这场沟通。"听到这样的话以后,即使对方想要做出让步,心里也会感到不舒服。这时,我们可以采取更微妙的表达:"对不起,但如果你坚持这个报价,恐怕我们只能终止这场沟通了。"

在沟通中,对于"要么接受,要么结束"的技巧,有一个专门的名字:鲍尔瓦主义。针对这一技巧,在坚持自己的观点和条件绝不动摇的基础上,要想保持态度的坚定和语气的温和,最好的方式是搬出一个更高的权威。例如说:"我也很想和你继续谈下去,但是根据公司的命令,我必须终止这场沟通。"如果这样说,相信对方就不会怪罪于我们了。

11.2 运用肢体语言,提升感染力

著名的人类学家雷·伯德威斯特尔指出,在沟通的过程中,口头语言传递出来的信息其实不到全部信息的 35%,其余 65% 的信息是通过肢体语言传递出来的。肢体交流是除口头交流以外的另一种沟通方式,需要借助表情、手势、肢体

动作（仅指坐姿、站姿、行姿等，不包含手势）进行。

口头语言与肢体语言的配合使整个沟通过程变得充实和活跃。试想一下，如果销售员在与客户沟通时没有任何动作，只是坐在那里说话，那将是多么呆板和无聊的情景。肢体语言可以传递很多信息，例如当一个人身体前倾、连连点头时，说明这个人对当前接收到的信息很感兴趣。具体地说，肢体语言通常可以分为以下三种。

第一种是表情语。开心、愤怒、悲伤等情绪都可以通过眼神反映出来。我们应当学会通过眼神向对方传递自己的情绪，包括对对方的关心、疑问等。

第二种是手势语。手势指的是利用手指、手掌、手臂等做出的各种动作。手势也可以向对方表达特定的意义，例如把手轻轻地搭在对方的肩膀或胳膊上表示亲密，伸开双臂拥抱对方表示喜欢或安慰等。在对方看来，手势语是非常明显的。需要注意的是，不要因为一个不经意的手势而引起对方的不满。

第三种是肢体动作语。坐姿、站姿、行姿等都属于肢体动作。每个人的肢体动作不同，即使在相同的情况下，不同的人做出的肢体动作也有可能是不同的。但是，通过认真观察和分析，我们可以从中发现一些规律。了解肢体动作语的规律有利于我们有意识地吸引对方的注意力,更准确地把握对方的心理。

在使用肢体语言时,我们可以从以下三个方面做起,如图11-1所示。

1	用热情的眼神感染对方
2	用真诚的微笑打动对方
3	用得体的动作获得对方的好感

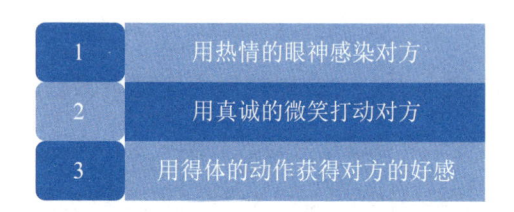

图 11-1　使用肢体语言的三个方面

1. 用热情的眼神感染对方

我们的眼睛炯炯有神,眼神中透露着自信、热情、坦诚,比滔滔不绝的口头说明更有用。在与对方进行眼神交流时,我们要让自己尽可能表现得真诚、热情。这要求我们做到以下三点。

(1)勇敢迎接对方的目光。不管对方的目光所传递的信息是肯定和赞许,还是疑惑和怀疑,我们都要勇敢迎接。通常来说,在与对方交流时,视线停留的最佳位置是对方双眼与嘴部之间的三角部位,这样可以向对方传递礼貌、友好的信息。

(2)与对方对视的时间要合适。如果时间太短,对方可能会感觉我们不够自信或对谈话的兴趣不大；如果时间太长，对方可能会感觉不舒服。需要注意的是，当我们与对方对视时，要避免两眼空洞无神。如果两眼空洞无神，对方就会感觉我们心不在焉，认为我们不可信任。

（3）保持目光集中，避免游离不定。一个人的目光游离不定，很可能是轻浮或不诚实的表现。对于目光游离不定的人，对方会产生警惕和防范心理。这样一来，双方的心理距离就会被拉大，这会成为双方继续沟通的障碍。

2. 用真诚的微笑打动对方

微笑是沟通所必需的工具。众所周知，微笑是世界上通用的语言，可以跨越种族和民族。但微笑也是有讲究的，并非所有的微笑都能打动对方。首先，微笑体现了一个人的精神面貌，它不是一个简单的面部表情，而是一种发自内心的愉悦的表现；其次，在微笑时，尽量不要发出太大的声音，也不要表现得过于夸张，否则会让对方感到尴尬。

3. 用得体的动作获得对方的好感

握手、点头、稳健的步伐等都具有增进友谊的作用。反之，如果我们的动作不得体，就会让对方反感。所以，我们在和对方交流时，应当注意自己的一言一行。为了避免做出让对方感到不舒服的动作，我们应当在平时养成"站有站相，坐有坐相"的良好习惯，而且身体各个部位的动作幅度不能过于夸张。

11.3 关注对方的回应，做有效沟通

很多时候，能否说服对方的关键不在于我们的道理讲得是否深刻，而在于对方是否用心与我们沟通。**无论在何种形式的沟通中，关注对方的回应都很有意义**。在向对方叙述某件事时，具体的表达方式要视对方的情况而定。如果对方只对结果感兴趣，那么我们就不必详述过程。

很多人在给对方讲述一件事时，经常会把对方的感受放到次要位置。他们会沉浸在"讲故事"的模式中，而忽视了对方的回应。例如，领导在与下属谈话时，会不自觉地把重点放在自己的语言表述上，希望用丰满而有力的"箴言"使下属有所提升；销售员在与客户交流时，会不自觉地把重点放在产品讲解上，只为把产品的优势告诉客户。

但其实，在沟通的过程中，我们应秉持"对方的回应最重要"的原则。一旦发现自己偏离了这个原则，就要及时纠

正，否则会让自己做更多的无用功。

曹玉盈是一位保险代理人，有一次去拜访一位刚生完宝宝的年轻母亲。这位母亲对保险的了解较少。曹玉盈熟练地为她讲解了两种适合孩子的保险，但她似乎没有用心在听。听曹玉盈讲完之后，这位母亲也没有提出任何问题。曹玉盈看出来了，对方不喜欢听干巴巴的产品介绍。

于是，曹玉盈对无保险的孩子和有保险的孩子进行了简单的对比分析，强调保险能够用小钱获得大保障，而且以后可以作为孩子的教育金。这位母亲被这种简单易懂的产品介绍方法打动了，开始询问购买保险的一些细节。

曹玉盈见对方的兴致来了，便针对对方的问题进行了更详细的解释。果然，对方仅问了两个问题，就决定为孩子购买一份保险，并且表示以后有相关问题会打电话向她咨询。

绝大多数的有效沟通都是在轻松和谐的氛围中完成的。当领导叫下属来谈话时，沟通还未开始，对方就已经产生了紧张情绪，如果谈话氛围比较严肃，对方的情绪可能会更加紧张。这时，无论领导说的话多么有道理，下属可能都无法吸收进去。所以，高明的领导会先让下属的紧张情绪得到缓解，并尽量营造一个轻松和谐的沟通氛围。

同一个人在不同时候的精神状态也有所不同。**我们的说**

话方式除了要因人而异，还要因时而异。如果对方心情不好，我们就不应该把一件事从头到尾地讲出来；如果对方心情很好，我们就可以把事情讲得更细致，使其更充分地了解事情的来龙去脉。

当我们需要给对方提一些建议时，应该把握好自己的语气和整体的沟通氛围，避免过多地谈及对方的失误之处。我们要表达出对对方的理解、认同和期望，让对方得到更多的正能量。为了避免话语过多给对方造成压力，我们可以多使用一些肢体语言，例如肯定的眼神、鼓励的微笑、表达期望的拍肩动作等。

无论在何种形式的沟通中，我们都不必在意"对与错"，而应该追求"有效沟通"。如果对方的回应是应付性的，那么即使我们分享的观点再合理、再正确，也不会对对方产生任何效果，"对与错"也就成为没有意义的概念。所以，把对方的回应与感受作为沟通中关键的部分，是实现有效沟通的一项重要原则。

11.4　给对方一个合适的台阶下

人们在交往中，难免会产生一些矛盾。我们通过观察一个人处理矛盾的方式，可以看出这个人的素质和修养。有的人会与对方互不相让，甚至大打出手，使矛盾愈演愈烈；有的人则会适当地给对方一个台阶下，以结束这次争吵，这才是明智之举。

无论是在生活中还是在工作中，产生误会、摩擦、争执都是正常现象，我们只要进行适当的沟通就可以消除矛盾。有时，对方在沟通中发现自己错了，但碍于面子不好直接承认错误，这时我们可以给对方一个台阶下。这样既不会使对方丢了面子，又解决了问题，还会增进双方的感情。

如果双方都是固执、爱面子的人，谁都不愿意先做出让步，给对方一个台阶下，那么局面会越来越糟，彼此的关系很可能逐渐走向破裂。

刘允是一家软件公司的研发经理，最近接了一个新项目。由于时间紧，刘允要求程序员每天至少加班三小时。在开始加班之前，几位年轻的程序员已经产生不满情绪了。其中，抱怨声最大的是陈鹏。为了稳定大家的情绪，刘允先把陈鹏叫到办公室里谈话。

大家都觉得刘允可以说服陈鹏安心接受加班。但没想到10分钟之后，陈鹏怒气冲冲地出来了。旁边的李富龙问他："陈鹏，你怎么了？为什么生这么大气？"

陈鹏说:"他这样的人是怎么成为经理的?我真是不理解。"

原来,陈鹏已经把心态调整得差不多了,准备接受刘亢的"说服"。但刘亢始终一副居高临下的姿态,不断说陈鹏的缺点,把陈鹏数落了一番。最后,刘亢还表示,陈鹏的能力这么差,没有理由不加班。陈鹏毫不留情地还击,被刘亢赶出了办公室。

第二天,经过总经理的劝说,陈鹏接受了加班。但因为这件事,刘亢被总经理批评了一顿,徒增了陈鹏等人的笑料。

陈鹏抗拒加班是一件正常的事,作为公司领导,刘亢应该适当给予其安慰。但刘亢不但不安慰陈鹏,反而不断地指出他的错误,使他无法接受,让彼此的关系变得更糟。

在日常生活中,类似的例子并不少见,根本原因在于大家过于爱惜面子,不肯给对方一个台阶下。其实,**适时给对方一个台阶下既需要勇气和智慧,也需要良好的素质和修养**。与不懂得给他人台阶下的人相比,懂得给他人台阶下的人会有更好的人际关系。

路万通是一家能源集团的董事长,一次到某小镇视察,被安排住在酒店最好的房间里。但是路万通想感受一下普通的房间的服务,于是与下属调换了房间。第二天早上,路万通在洗漱时发现水龙头不出水,于是叫来负责自己原房间(也就是那间最好的房间)的服务员。

服务员问:"您有什么需要吗?"

路万通说:"我房间的水龙头不出水,麻烦你帮我打点水吧。"

服务员有些诧异地说:"我是专门为董事长服务的,你等一会儿吧。"

过了一会儿,水还没有送过来,路万通又叫来了服务员。这时,服务员不耐烦地说:"我得随时做好为董事长服务的准备,你自己去打水吧。"说完,服务员指了指楼下的热水间。路万通苦笑一下,拎着暖壶去打水了。

到了吃午饭的时候,那位服务员才知道路万通就是董事长。她忍不住惊叫一声,慌乱地哭了起来。酒店经理准备把她支走,路万通摆摆手,朝她走去。走近后,路万通指着那位和自己换房间的下属说:"姑娘,你没有错,是我执意要和他换房间的,这才害得你把我当成了他。"

服务员破涕为笑,轻声说道:"谢谢您。"

用包容的态度给对方一个台阶下,会获得更多的尊重。在工作和生活中,产生误会和摩擦在所难免,当这种事情发生时,一方应当先做出让步,让气氛缓和下来,然后给对方一个台阶下，使彼此都接受对方的歉意。不同的原因、不同的关系，决定了哪一方先做出让步：同级之间，错更多的那一方应该先做出让步；上下级之间，领导应该先做出让步，放低姿态，做好榜样。

当产生摩擦时，我们不要死守面子，而要放低姿态，表现出对对方的认同，这样大概率会得到对方的理解和尊重，从而有利于双方关系的发展。拆台不如搭台，这样既表示了对他人的尊重，也显示了自己的宽广胸怀，还有利于培养自己的人格魅力和发展自己的人际关系。

11.5 营造气场，展现手势的力量

手势是手部做出的各种动作，我们可以借此向对方表达特定的意义。在交谈的过程中，做出适当的手势往往可以吸引对方的注意力。所以，在与对方沟通时，我们要注意用好自己的每一个手势，不要因为手势使用不当而丧失对方的好感。

不同国家、不同地区、不同民族由于风俗习惯不同，手势的用法也有所不同。例如，竖起大拇指在中国一般表示赞赏，但在美国和部分欧洲地区的意思是要搭车，而在澳大利

第 11 章 善用技巧：如何变身为"沟通大师"

亚则表示骂人。

所以，手势的使用要入乡随俗，这样才不会造成尴尬的局面。我们在使用手势时一定要注意，不要产生误会。手势使用得当，不仅能起到良好的沟通作用，还能提升自己在对方心中的形象。

此外，在不同的场合要使用不同的手势。例如，在客户刚进公司时，销售员需要做一个"请"的手势，即两只手并拢伸直，从体侧移到小腹前，朝着指示方向优雅地划过。同时，销售员要面带微笑地注视客户，这样会让客户产生亲切感。

在告别时，我们通常会做出挥手的手势。挥手的正确方法是，身体保持直立，不要随意摇晃和走动；手臂向上前伸，不要太低或弯曲；掌心向外，指尖朝上，轻轻摆动手臂。有些人喜欢以握手告别，但要注意先后顺序。标准的握手顺序是"尊者在先"，即地位高的人先伸手，地位低的人后伸手。一般来说，不要主动向对方伸手，和对方握手的时间要控制在 3～5 秒。

在沟通的过程中，最好不要站在那里一动不动，应恰到好处地使用一些手势。总之，在与对方交流和沟通的过程中，合理地使用手势不仅可以给对方带来亲切感，还可以增强对方对我们的信任感，可谓一举两得。

11.6　眼神也是传递感情的重要渠道

一个人是否用心沟通可以通过其眼神判断出来。现在，很多礼仪小姐在顾客进门时都会说"欢迎光临"，但如果在开口时眼神游离不定，则会引起顾客的反感。眼神交流可以让沟通更顺畅，但过度地注视对方会适得其反。一般来说，长时间地直视对方是不礼貌的行为，我们可以注视对方的眉心或眼睛下方；在交流时，也可以适当转移自己的视线。

另外，根据人数的不同，眼神转换的方式也不同。在与一群人交谈时，我们可以直接看着对方的眼睛，但是在看的过程中不要只看一个人，否则其他人就会停止听我们讲话，这也是对其他人的不尊重。我们可以在每说一句话时把眼神抛向不同的人。总之，只要做到对所有人都一视同仁，沟通的气氛就不会太差。

当两个人面对面谈话时，最好保持眼神交流，但一定要注意时间。如果我们一直盯着对方看，就会让对方感觉不舒服，进而想提前结束谈话。此外，我们也应该注意，不要让眼睛向下看，可以向上看或向两边看。而且，我们要表现出思考的状态，这样会更容易得到对方的信赖。

在倾听对方说话时，可以使用"三角形法则"，即先盯着对方的一只眼睛看，5 秒之后把视线移到另一只眼睛上，再过 5 秒把视线移到对方的嘴巴上。同时，在与对方谈话时，我们要适当地点点头，并用"嗯""对"来回应对方。

在与对方争辩时，我们也可以用眼神来达到说服对方的目的。这时我们要敢于直视对方，不要一直盯着别处看，否则我们在这场争辩中就会处于劣势地位。同时，我们的眼神要保持坚定，以显示自己很有信心。如果对方想要激怒我们，我们最好保持沉默，有时沉默是最好的反击。

要想吸引对方的注意力，就要让他感觉到我们对他很有兴趣。我们可以通过眼神表现对对方的关注，包括直视对方、偶尔微笑并眨眼。相反，我们应该在对方说到悲伤的事情时，适当闪避眼神，致以歉意。

总而言之，我们要让自己的眼神跟随对方的心理状态而改变。在与对方交流时，如果我们能够合理地运用眼神，就可以在很大程度上促成彼此的合作，拉近彼此之间的距离。

11.7 案例：一次成功的道歉经历

很多时候，双方之所以发生摩擦和争执，最初是因为看法的差异，而导致僵局难以缓和的真正原因是好胜心理压过了理性。人们对一个问题的看法并不是固定不变的，而是会随着外界因素和自身视角的变化而变化的。我们应该理解对方，接受与自己不同的观点，以便缓和对方的情绪，使其更理性地看待问题，避免无意义的争论。

许万金和妻子梅晴经营着一个面摊。平时，许万金负责招待客人、打扫卫生，梅晴则负责准备配料和煮面。许万金热情、细心，许多客人都喜欢和他聊几句；梅晴的厨艺不错，许多客人都说她煮的面非常好吃。

一天中午，一位男子来到面摊，点了一碗不加辣的刀削面。等许万金把面端上来后，男子先尝了一口汤。不料，男子突然打了一个喷嚏，只听"阿嚏"一声，对面一位客人的面里被"加了些料"。那位客人愣了一下，指着男子喊道："你怎么乱打喷嚏？"

男子似乎也没想到自己会这么失礼，立刻向那位客人道歉。接着，男子对许万金说："我说过不加辣，这面怎么还这么辣？"许万金问妻子梅晴，梅晴表示绝对没放辣。

许万金想了想，走过来对男子说："先生，真是不好意思，刚才不小心混进面里一点儿胡椒粉。为了表达歉意，我给两位都换一碗面，不过要耽误几分钟时间，希望两位不要介意。"

男子意味深长地说："你真会做生意，怪不得客人这么多。"

许万金看出男子是由于自身原因才做出失礼之举的，但他主动"背锅"，并补偿了两碗面，化解了男子及其对面客人的尴尬，避免了进一步的冲突。

有时，由于一些误会，对方可能说出让我们难以接受的话，或者做出不合时宜的怪异行为，让我们感到尴尬和难堪。在这种情况下，我们可以对难以接受的话或不合时宜的怪异行为进行曲解，让僵持的局面暂时缓和下来。善意地进行曲解是为了化解对方因疏忽、误会造成的尴尬，缓解对方的紧张情绪，让对方回到理性的状态。

当双方为某个问题争执不下时，大多是因为被情绪左右，失去了正常状态下的冷静和包容。为了满足自己的好胜心理而与对方争论不休，实在是有失礼节的行为。我们应该试着理解对方的心情，分析对方的行为或想法的合理性，并对对方的优点予以肯定。这样既可以避免情况恶化，又可以满足对方的心理需求。

第 12 章
拒绝入坑：
沟通过程中的六大禁忌

虽然沟通是每个人都经常做的事，但要想把这件事做得完美几乎是不可能的。无论我们对沟通这件事的"擅长度"有多高，还是会存在一些不足之处和漏洞。为了让沟通的效果达到最好，我们必须警惕一些陷阱，例如拒绝认错、自说自话、口无遮拦等。

12.1 拒绝认错的结果是前功尽弃

想方设法辩解、拒绝认错的人往往缺少智慧。有智慧的人不会在意自己的错误是否被他人发现，也不会在意他人拿自己的错误开玩笑。他们遵从自身的原则和标准，只要发现错误就会承认，并及时改正，他们做事坦荡、光明磊落。

当由于自身失误而影响彼此的关系时，我们要勇于承认错误。如今，有的人小心翼翼地保护着自己，害怕自己在他人面前出错、失误或暴露缺点。一旦他人指出自己的错误，就立即开口反驳、维护自尊。实际上，这样的人即使当时维护住了自尊，也可能成为被指摘和不被看好的对象。而且，这样的人往往很难有良好的人际关系和知心的朋友。

在很多问题上，有的人习惯先关注人，后关注事。而无论是从逻辑学还是从心理学的角度来看，先关注事，后关注人，都是更好的做法。例如，员工犯了错，领导应该先分析事情本身，指出如何改正错误，再对员工进行批评或提出其他的建议。

同理，我们自己犯了错，也应该先关注事情本身，再关注自己的错误之处。这样既有利于我们改正错误、纠正观点，也有利于提高他人对我们的综合评价。一个不坦荡、无担当的人很难得到对方发自内心的尊重，只有理性看待错误、勇于承认错误的人才能获得对方的认可。

丁蓉是一家公司的财务经理。有一次，她把一位请过一周病假的员工的工资按照全勤计算了。后来，丁蓉及时联系了这位员工，向他说明多发的工资要在下个月的工资里扣除。但这位员工表示，自己每个月都有一些固定支出，若下个月一次性扣除会影响自己的生活，希望公司能够分期扣除。

丁蓉说："既然你有这样的请求，那我会向老板说明。"

当老板询问详情时，丁蓉如实说了，并表示这件事是由于她的失误引起的，她愿意接受批评和处罚，但希望老板能够同意那位员工的请求。虽然老板对丁蓉和人事部门的相关人员进行了批评，但还是同意了那位员工的请求。

当丁蓉把老板的回复转达给那位员工时，那位员工非常高兴，也很感动，并与其他同事说了这件事。后来，丁蓉在与老板的谈话中才知道，虽然老板当时很生气，批评了她，但其实更看重她了，因为她能够正视错误、承认错误，是一位有责任、有担当的优秀员工。

当我们发现自己犯了错时，应该正视并承认错误。毫不犹豫地为自己的错误辩解是不正确的行为，主动承认错误才是智者的选择。当我们自知有错时，也许本能地想掩盖错误，但理智告诉我们，只有正视错误、承认错误才会获得更好的结果。

有人认为，人生就是由无数个错误组成的。你的人生路走得如何，就看你把错误处理得如何。

有人知错改错，但不认错；有人知错认错，但不改错；还有人不知错，不认错，不改错。这三种人都不是有智慧的人：第一种人为了面子拒不认错，无论他们的能力多么出众，都会被自己的面子所限；第二种人过度圆滑，偏离正轨，终会遭到嫌弃；第三种人的人生很可能会荆棘满途、坎坷无数。

知错、认错、改错是有难度的。 一般来说，认错的难度最大，而影响其难度指数的因素有两个——事和人。事是已经发生的错误，我们暂且抛开不论。对人来说，越成功的人，认错的难度指数可能越低，因为只有会认错的人才更有可能获得成功。也就是说，成功之人能更理智地看待"不辩，认错"。

大多数人都懂得"不辩，认错"的道理，但对其的理解因人而异。对于有的事，许多人可以做到"不辩，认错"；对于有的事，少数人可以做到"不辩，认错"；而对于有的事，只有极少数人才可以做到"不辩，认错"。无论我们面对哪种情况，都要尽可能地学会主动认错。

12.2　自说自话，不理会对方的情绪

"好为人师"是一些人的通病。有些人总是觉得自己很优秀，所以经常发表个人见解。当别人不采纳他们的建议时，他们就会觉得别人不懂得见贤思齐，甚至觉得别人不可理喻。其实，如果他们能够站在别人的立场，想象自己是那个被指指点点的人，就会明白这样做是不对的。

真正会聊天的人不会随时随地发表自己的见解，也不会到处展现自己的聪明才智。在与对方交流时，我们应该管住自己的嘴，不要自说自话。即使要说话，也要想想自己说的话会不会让对方感到不适。

有时，对方会让我们给出一些建议。因为对方有问题向我们请教，就摆出一副高高在上的样子，这是不正确的行为。实际上，我们对于对方提出的问题并不一定能够给出详细、全面的解答，因此我们只要对自己知道的那部分给出中肯的建议就可以了。

在某节目中，主持人问嘉宾李先生在电子商务浪潮中，很多小型公司想脱颖而出，应该怎么做。李先生首先说这是一个必须慎重对待的问题，然后讲述了自己的经历，用最通俗易懂的语言表达了自己的看法。

李先生虽是电子商务领域的领军人物,但并未因此就觉得自己高人一等,他认为自己成功的秘诀就是真心帮助客户成长。在回答这个问题时的低调表现,恰恰体现了他的高格调。

与别人交流的过程既是在帮助别人,也是在展现自己。如果我们在自己不擅长的领域胡乱发言,则很容易暴露自己的缺点和不足。如果这是一场商业谈判,那么我们可能已经被对方抓住了把柄,给了对方可乘之机,这就等于把主动权和优势地位交给了对方。

在沟通时,最忌讳的就是自认为无所不能。世界上没有十全十美的人,有不足之处并不是一件丢脸的事。用自己的经历和对方讲道理,反而能够给对方诚恳感;一直说套话、空话,只会让对方讨厌,从而影响沟通的进程。

12.3 口无遮拦,说一些不该说的话

不合时宜的话如同一把利剑,会刺伤人们脆弱的心灵。为了逞一时口舌之快,我们有可能在不经意间对他人的心灵造成难以弥补的伤害。

知名作家三毛在读书时并不喜欢数学,因此她的数学成

绩一直不是很好。后来,她发现数学老师每次小考用的都是课本后面的习题。为了不让父母失望,她把这些习题死记硬背下来。

后来,在每次小考中,三毛的数学成绩都很不错。但数学老师认为,她的数学成绩有所提高是因为作弊。三毛是一个既倔强又敏感的女孩,并不懂得适度地忍耐更能保护自己,便直言不讳地对老师说:"作弊对我来说是不可能的,就算你是老师,也不能这样侮辱我。"

结果,被冒犯的老师气急败坏,单独给三毛出了一张高难度的试卷,让她当场吃了"鸭蛋"。之后,老师毫不客气地说了一些难听的话,并且拿蘸了墨汁的毛笔在她的眼眶四周涂了两个大圆圈,然后让她转身给全班看,又让她去大楼的走廊上跑了一圈。

因为这件事,三毛休学在家,自闭了很多年,有时甚至连与家人一起吃饭的勇气都没有。小时候被老师用言语和行为伤害的经历,使她形成了悲观、敏感、孤独的性格,始终走不出心灵的阴影。

对一个人而言,说话是必修课。一个人想要与社会接触,就要说话。在人类的交流中,语言的作用很大,如果再加上表情和肢体动作,语言就更有意义了。

一句话说得好，容易让人接受；一句话说得不好，结果会很糟。例如，有些领导总是批评下属，而下属挨了批评，在与他人说话时也不会有好情绪；如果从事服务业的人带着负面情绪与顾客说话，顾客就会很生气，并将负面情绪带到工作和生活中，再传染给下一个受害者。如此循环往复，结果可想而知。

说话是一门艺术，每个人都有必要学习。我们都知道，说话是有技巧的。一旦掌握了说话的技巧，我们就可以赢得人心，从而有利于自己的发展。如果说话没有分寸，则很有可能伤害他人，最终也伤害自己。

12.4　戳对方的痛处，不注重细节

很多人都有这样的经历：不小心说出了戳对方痛处的话。这样做很有可能会破坏和谐的氛围，影响彼此之间的关系，但只要及时道歉，就可以弥补失言造成的伤害，挽回被破坏的局面。

夏芳芳和陆琴是同期进入公司的员工。夏芳芳活泼开朗，心直口快；陆琴安静内向，很少主动与人打交道。在夏芳芳的软磨硬泡之下，陆琴默认了两人的"聊友"关系。在

休息时间,夏芳芳非常喜欢找陆琴聊一些八卦。

有一次,两人聊到了感情不专一的话题,而碰巧陆琴正为此事烦恼。不知情的夏芳芳问:"陆琴,要是你男朋友出轨了,你会怎么办?"

陆琴皱着眉头,说:"我不知道。"

夏芳芳笑道:"我认为,女人越温柔,男朋友就越容易出轨。"

听完,陆琴的眉头皱得更紧了。夏芳芳用手指按了按陆琴的脸蛋,坏笑着说:"像你这么乖巧的女孩,男朋友很可能会出轨,你好好调查一下……"

听到这儿,陆琴甩开夏芳芳的手,气呼呼地说:"芳芳,你是怎么回事?就那么希望看我的笑话?"

夏芳芳看着陆琴眼里的怒火,猛然发觉自己失言了,立刻摆出怯懦的样子,低声说:"对不起,陆琴,我说话不经大脑,都是我的错。"

听到这话,陆琴的脸色稍微缓和了一些。夏芳芳接着说:"陆琴,我不是故意的,我这个毛病真得改一改……你不要生气了。"

陆琴噘着嘴,说:"我知道了,你以后不要再说这种话了,不然我再也不理你了。"

夏芳芳捧着陆琴的手,坚定地说:"谢谢琴琴的豁达,芳芳一定吸取教训。"

陆琴被夏芳芳认真的表情逗乐了。经过这件事,夏芳芳不再像以前那样口无遮拦,陆琴也越来越愿意与夏芳芳聊天,两人的关系越来越好。

在交往过程中,人们难免会不经意地说出一些戳对方痛处的话,这时如果不能正视问题,勇敢道歉,事情就会越来越糟,甚至导致关系破裂。善于道歉的人能及时挽回局面,让对方的情绪渐渐缓和,进而获得对方的理解和认可。

王勇有一次难忘的乘坐地铁的经历。那是一个下午,地铁上人不多,一个男人带着两个孩子坐在王勇对面。两个孩子嬉戏打闹,越来越吵,还伴随着"惊声尖叫",而那个男人则无动于衷地坐着。王勇带着怒气对那个男人说:"你的孩子这么吵,你不管一管吗?就算你不会教,孩子的妈妈也不会教吗?"

那个男人缓缓抬起头,目光空洞地说:"我老婆已经去世了。"说完,他双眼湿润,满脸悲伤。

王勇愣了一下,看着两个还不懂事的孩子,心中一酸,坐过去说:"老兄,对不起,真是对不起。"

男人的悲伤情绪被王勇的歉意淡化了一些,随后,他挤出了一丝笑容，并与王勇聊了起来。在这之后，两人经常聊天谈心，成了非常好的朋友。

王勇在不了解对方的情况下，失言失礼，但知道自己说错话以后及时、真诚地向对方道了歉，获得了对方的理解和认可。

很少有人不犯错，也很少有人不失言，但在这之后如何处理就体现了一个人的涵养和品格。羞于道歉、排斥道歉的人往往很难获得他人的认可和尊重，很难拥有良好的人际关系。而勇于道歉、善于道歉的人则更容易获得他人的认可和尊重。

无论是在工作中还是在生活中，我们都要尽量让自己少失言。一旦失言了，就要及时、真诚地向对方道歉，这样才能收获更多的朋友。

12.5　卖弄学识，讲话过于高深

在与对方交谈或为对方讲解专业知识时，并不需要故作高深。如果我们经常卖弄学识，在沟通的过程中使用大量的专业术语，以展现自己的才华，那么很可能被对方嫌弃。

林熙媛是一位导购员，从小接受传统的文化教育，说起话来轻声细语，而且平时喜欢书法、绘画，颇具文采。然而，由林熙媛接待的顾客几乎都会在几分钟内离开柜台，这让负责人吴华倩百思不得其解。

林熙媛说话很有礼貌，举止彬彬有礼，而且长相相当文雅，没有理由不招顾客喜欢。但为什么几乎所有顾客都在与林熙媛交谈之后选择离开柜台呢？吴华倩决定当一次顾客，请林熙媛为自己导购。

吴华倩刚走到柜台前，林熙媛便热情地迎上来，一口一个"女士"地叫着。吴华倩未觉不妥，便跟随林熙媛来到产品展示区。此时，吴华倩听到林熙媛问自己："令尊和令堂在家吗？看您如此雍容华贵，令尊和令堂一定将您照顾得很好，您平时一定少不了锦衣玉食。如果您能在我们这里购物，那真是让我们这里蓬荜生辉，我也会欣喜万分。"吴华倩认为这些话听起来很不自然，不适合用在销售领域。而且，有的顾客听到这些话很反感，怪不得林熙媛总是没有顾客。

在日常的沟通中，如果我们像林熙媛那样故作高深地说话，则很可能让对方不知所措，从而破坏沟通氛围。我们最好多使用一些平实的语言，平实的语言也可以达到很好的效果。

不过，如果对方喜欢故作高深地说话，我们也不应该立刻将自己的不满情绪表现出来，因为这种做法很不礼貌。我们可以用幽默、委婉的语言提醒对方。例如，我们可以通过暗喻的方式提醒对方说话要自然，其结果通常会比较好。幽默、自然的语言会极大地提升对方对我们的好感度。

当我们与他人沟通时，应该敏锐地观察对方的情绪，冷静地分析对方的想法，想办法让对方按照我们的方式说话。机智和幽默可以使我们收获更多的朋友、解决更多的问题。在人际交往中，我们可以通过学习和总结，不断提升自己的说话能力，从而使自己越来越强大、越来越成功。

12.6 沟通完成之后，立刻放松下来

很多时候，即使双方已经就主要的问题达成了共识，我们也可以获得一些额外的权益，甚至可以让对方做一些原本不情愿做的事。有些人习惯在沟通完成之后就放松下来，其实这是不对的，这样很可能损失一些本来可以获得的好处。

沟通的过程就像推巨球上坡，我们必须使出浑身解数才能使巨球到达坡顶，正如我们用尽一切方法希望达到自己的

沟通目的。但只要到达了坡顶，我们就会立刻放松下来，让巨球自然而然地滚下坡去。这反映在沟通中就是，一旦双方就大部分条件达成了一致意见，就会有一种放松下来的感觉。我们会释放在之前的沟通中积累的紧张和焦虑情绪，让自己得到解脱。

这时，如果对方也处于一种放松的状态，就会更容易接受我们提出的一些微不足道的要求。因此，在沟通完成之后，对方最放松的时候，我们可以把之前没有得到的利益和好处重新提出来，以征求对方的同意。

12.7　案例：为什么你的道歉没有效果

每个人都说过"对不起"，也都说过"没关系"。在一些不是很重要的问题上，一方说"对不起"以后，另一方通常会说"没关系"。但有时，一句"对不起"很可能换不来一句"没关系"。如果我们希望得到对方真正的谅解，就要带着真诚和勇气，发自内心地承认自己的错误，不将自己的错误归咎于客观原因，不做过多辩解。

吴婕和管萌萌曾经是关系不错的同事。后来，管萌萌跳槽到别的公司，但还是会经常和吴婕聊天，交流感情。有一次，管萌萌请吴婕到自己的家里做客。在交谈中，管萌萌说起女儿的幼儿园老师，说那位老师很不错，懂得教育孩子"好的东西要与人分享"。

吴婕听后不以为然，说："我觉得这是把孩子教'傻'了。"

管萌萌很生气，说："你这是什么话？你的意思是，我也把女儿教'傻'了吗？"

吴婕也很生气，说："你的反应至于这么激烈吗？我就是说一下我的看法而已。"

管萌萌大声地说："你的看法太偏激了，一句话把三个人都否定了！"

吴婕回道："你现在怎么这么敏感？我不跟你说了。"

当天，两人不欢而散，不再来往。

后来，吴婕给管萌萌发了一条信息，大致内容是这样的："萌萌，这么长时间了，我时常会想起你，这次终于鼓起勇气，真心地对你说一句'对不起'。你是少有的善良之人，我却因为思想狭隘，说出了幼稚的、伤人的话，我很后悔。现在，我真心希望你可以原谅我。"

几分钟之后，吴婕接到了管萌萌的电话。管萌萌在电话中说："吴婕，当时是我太小气了，反应太过激烈，破坏了我们的关系。这次你主动联系我，我非常开心。"

两人互诉心声之后，友谊更胜从前。

真诚的道歉能换来真正的谅解。犯错并不可怕，一个会道歉的人，会将自己的错误带来的影响降到最低。**真诚的态度和恰当的语言是道歉不可缺少的两个条件。**如果我们能在合适的时间，恰当且真诚地道歉，就会获得对方的尊重和谅解。

陈强是某公司的部门经理，张文涛是这个部门的新员工。一天下午，陈强被总经理叫到办公室狠狠地批评了一顿，原因是他的疏忽大意给公司造成了损失。陈强十分懊悔，一直待在自己的办公室里，心情非常郁闷。

后来，张文涛进来请教问题。陈强努力稳定自己的情绪，接过张文涛的文件。他发现张文涛提的问题与上次类似，便大声地对张文涛说："怎么回事？这个问题不是上次就和你说过了吗？你的脑子是'坏掉'了吗？"

张文涛低着头，小声说道："陈经理，您别生气，我下次一定记住。"说完抱着文件走出了办公室。

晚上，陈强又想了一下这天发生的事情，觉得总经理狠狠地批评自己是无可厚非的，毕竟自己给公司造成了损失；而自己对张文涛的批评则属于"过度指责"，毕竟他是新员工，工作能力还有待提高，自己不应该说得那么狠。

第二天,陈强把张文涛叫到办公室,把自己昨晚的所思所想告诉了他。张文涛十分感动,说:"陈经理,我昨天回去之后虽然有一点儿不开心,但是在同事的提示下,我解决了那个问题。今天,十分感谢您能和我说这些话,我觉得在您的部门工作是很幸运的。"

虽然陈强没有明确地对张文涛说道歉的话,但张文涛明白这是领导在对员工真诚地道歉。在这之后,张文涛的工作积极性和工作效率都有了很大提高。

一个人的道歉如果不够真诚,那么即使对方表示接受了道歉,心里可能也不会真正地原谅这个人。道歉是一件既简单又困难的事。对"能正视自己的错误,并且能向对方承认错误"的人来说,道歉是简单的事;对"不能正视自己的错误,认为道歉是在损害自己的尊严"的人来说,道歉是困难的事。勇于道歉的人,更容易体谅他人,设身处地地为他人着想。